人生的旅途，
不是因為看到希望才努力，
而是因為努力才看到希望。

腳踏實地，
每一條路都是捷徑

林芸 著

前　言

　　很多人創業時，都夢想著有朝一日發大財，也像那些成功人士一樣，戴名錶、開名車、住豪宅。當看到自己的生意始終不溫不火時，心裏就有點不平衡了，開始占一些小便宜，更有甚者，還走上歪門邪道，這些可是做生意的大忌，其結果不言自明。

　　胡雪巖的一生富有傳奇色彩。他小時候家裏很窮，每天去給地主放牛。十三歲了還沒有進過學堂。一天，他在路邊涼亭裏撿到了一個包滿金銀財寶的大包裏。一般人可能會想，這個可發大財了。但胡雪巖牢記母親的教誨：「東西不是自己的，就一定不能拿。」於是他在那裏等了大半天，終於將包裏歸還失主，並拒絕了他的重金酬謝。

　　丟失錢財的人是一個雜糧店的老闆，為感激胡雪巖，他請胡雪巖去給他當夥計。胡雪巖經母親同意後，到雜糧店當了一個學徒，一學就是兩年。這期間胡雪巖熱心照顧了一個來雜糧店做生意的客人，那個客人一病不起，花光了所有的錢，焦慮絕望。在胡雪巖的照顧下，從重病到康復……

　　其實這個客人是金華火腿行的老闆，於是請胡雪巖到他那裏做事。在金華火腿行，胡雪巖大開眼界，他第一次接觸到了銀票，知道了錢莊，他很想自己也

成為一個錢莊老闆。於是每天暗自練習書法，練習珠算和心算。掌握了袖裏囤金的計算技能。這是一種不用紙筆算盤單靠心算計賬的方法。在和錢莊夥計對賬的時候，這種本領讓錢莊的人對他刮目相看。於是錢莊的老闆又請他當了夥計。這也為胡雪巖一生成功打下了基礎。後來胡雪巖果真成了錢莊老闆，從此發跡成為一代富商。

成功人士的祕訣究竟在哪裡？

一句話，腳踏實地才是成功的不二法門。

人生就像是一場和自己比賽的遊戲。輸家說：「命運對我太不公平，沒有給我像別人那樣的幸運和機遇。」贏家說：「其實也沒有什麼祕訣，就是一步一步踏踏實實做起來的。」當一些人還躺在沙灘上幻想著未來的滾滾財源時，比爾·蓋茲已經搶先一步鑽進了電腦機房，他開創了蘋果的新世紀。

所以說：「考慮一千次，不如做一次！」

目　錄

第一輯

CHAPTER 1
在大海面前

01・欄越高，跳得越高／014
02・大師的性格／017
03・散　步／020
04・買驢的故事／020
05・肯定自己的價值／024
06・懼／025
07・存錢罐與白紙／026
08・何時最富有？／027
09・現　在／028
10・忘記了自己的猴子／029
11・言少與言多／030
12・我們的心／031
13・由他看我／032
14・活在今天／034
15・從個人做起／035
16・真切的藐小感／036
17・敬畏生命／038
18・花落了，還會再開／040
19・比　賽／042
20・在你自殺之前……／043
21・以人為本／046
22・獅子和小狗／048
23・人定勝天／050
24・向無名小草道歉／052
25・國王和書／053
26・大器之材／054
27・還俗和尚／056

第二輯

CHAPTER 2
飛翔才美麗

01・跛足歌手的奉獻／058
02・美麗的我／059
03・最浪漫的愛情／061
04・穿破皮鞋的大學生／063
05・聆　聽／064
06・合　影／065
07・相等性原理／066
08・夢／067
09・愛情故事／068
10・古匈奴王求婚／069
11・卵石的寓言／071
12・小孩與花／072
13・快樂的人／073
14・值得欽佩／074
15・飛翔才美麗／075
16・行人和斧頭／077
17・智慧的來源／078
18・一生彼此相隨／079

第三輯

CHAPTER 3
人生的滋味
讓頭腦儘快「升級」吧

01・紀念「災難」的豐碑／082
02・獅子和蚊子的三次決戰／083
03・樹根與樹梢／084
04・如何應對應聘時的拒絕／085
05・人無可比性／087
06・寬容是化解仇恨的最佳武器／088

07・跳出「固有的思維模式」／089
08・木牌上的標語／090
09・要有專業特長／091
10・被人左右的不幸／092
11・有些鎖不用拿鑰匙開／093
12・不要犯同樣的錯誤／094
13・世事如棋／095
14・最偉大的推銷員／096

20・動其心才能動其情／126
21・拿破崙與約瑟芬／127
22・以情籠人成就大事業／128
23・做人不要太精明／130
24・寬宏大度與報恩／131
25・學會順其自然／133
26・平靜面對將來／135
27・心意比項鏈更值錢／136

第四輯
CHAPTER 4

人際關係與交友
真誠熱情，堅固友誼的「鋼筋混凝土」

第五輯
CHAPTER 5

愛情與婚姻
打磨生活，不讓婚姻被堅硬的棱角刮傷

01・馮玉祥趣事／098
02・愛情與麵包／099
03・深　情／101
04・有黑點的白紙／103
05・幸福之家的法寶／104
06・華盛頓與佩恩／106
07・認真做事，輕鬆做人／108
08・真誠做人／109
09・人生只有一個半朋友／110
10・愛撒謊的貓頭鷹／112
11・患難朋友才是真朋友／113
12・誠實勝過花言巧語／115
13・幸福的祕訣／116
14・交友的最高境界／117
15・仁義胡同的來歷／119
16・用親身經歷安慰別人／120
17・愛能化解仇恨／121
18・士為知己者死／123
19・幫人就是幫己／124

01・希望之光／140
02・愛的密碼／143
03・愛的抉擇／145
04・戀愛中的男人必須回答的問題／147
05・愛情無價／149
06・心中的一盞明燈／150
07・被愛感動／152
08・調整心態／153
09・愛是一種牽掛／154
10・愛是寬容／155
11・誰是你一生最重要的人／157
12・完美的人／158
13・愛的潛能／159
14・別急著說「永遠」／160

CONTENTS

第六輯
CHAPTER 6

恬淡寧靜與知足常樂
貴在捨棄，讓人生講述出高於欲望的故事

01・奪命之物／162
02・老闆送禮／163
03・虛懷以待／165
04・應變之才／166
05・曹操用人之道／168
06・兩隻獅子／169
07・徐志摩拜師學藝／170
08・防人之心不可無／171
09・放得下才會快樂／172
10・讓自己的舌頭轉個彎／173
11・別讓自己的金鳥飛了／175
12・農夫之死／176

第七輯
CHAPTER 7

動物農莊的人生哲學
成為強者，做故事永遠的主角

01・讓自己成為強者／178
02・青蛙王子與公主故事新編／180
03・猴子下圍棋／183
04・沒有永遠的勝利者／184
05・酒肉朋友／185
06・千萬別耍小聰明／187
07・逞能者的下場／188
08・獅子與三頭牛／189
09・老鼠與大米／190

10・不要把別人的話太當真／191
11・別讓可疑的人看家／192
12・一條草魚的命運／193
13・忍耐的極限／194
14・捨本逐末／195
15・冷靜對待榮譽／196
16・害人者的下場／197
17・可悲的誤會／198
18・下金蛋的雞／199
19・給大腦投資／200
20・無辜的弱者／201
21・智慧演講家的一堂人生課／202
22・負重才不會被打翻／203
23・機靈的求職者／204
24・善待失敗／206

CONTENTS

第一輯
在大海面前

01 欄越高，跳得越高

阿爾弗烈德・艾德勒小時候，有一天早上醒來，突然發現他的弟弟死在床上，就在他的身旁。這一驚，使他下了終生守之不渝的決心——做個醫生，與死亡搏鬥。

艾德勒行醫之初，偶然發現一連串現象，從而使他對人的心靈取得重大發現。他解剖屍體時，注意到以前並沒有特別受人注意的種種現象。他發現一具死屍的心臟大得異乎尋常，而且有一個心瓣堵住，血液不能充分流到肺裡。那心臟是為了應付這種缺陷而變大的嗎？

一具死屍裡有病的一個腎已經割掉，他發現剩下的那個腎也比尋常的大得多。他又發現一扇肺因為染病而萎弱，另一扇肺就可能變得更有力量。這些健全的器官豈不正是想彌補不健全的器官所失去的功能嗎？骨頭斷了，會長出厚骨痂，為的是使骨頭比以前更結實嗎？這些現象一再出現，彷彿人體自有其規律——為了自保，本能地以強補弱。

艾德勒進一步研究下去，開始到各美術學校去測驗學生的視力。結果發現學生70%以上視力都很差，只不過程度不同罷了。

視力既然不好，這些學生為什麼還偏要從事必須用眼的生涯呢？他發現這些學生從小就感覺到視力欠

佳，因此特別努力，以使自己比別人看得更清楚、更敏銳。他們訓練自己的觀察力，培養用眼睛看的樂趣，結果對視覺世界的興趣自然比普通人大。

他又去研究大畫家的生平，發現其中許多人的眼睛都有缺陷。眼睛不好，偏要做畫家，這樣的人何以這樣多呢？難道也是受他在解剖屍體時所發現的那條補償缺陷之規律驅使嗎？

艾德勒又去研究盲人，證實盲人的聽覺、觸覺和嗅覺都特別靈敏。布魯克納、法朗茲、史麥塔納和貝多芬等音樂大師所以特別熱心致力於聲音之美，至少一部分原因是起因於他們的聽覺有缺陷。

貝多芬是令人驚奇的例子。他的聽覺從小就染患機能性的缺陷，29歲時已經聾得很厲害。4年後，如果不用耳筒，連整個樂隊的聲音都聽不清楚。就在那一年，他寫出美妙的《第二交響曲》。耳朵全聾之後，又寫出更優美的《英雄交響曲》、《月光奏鳴曲》和《第五交響曲》。全聾了25年，最後居然還寫出不朽的《第九交響曲》。

艾德勒的研究，不知不覺從生物學轉入神經病學，又從神經病學轉入心理學，就是從機能性缺陷的生理補償研究到心理補償。不過，到那時候為止，他所注意到的各種補償都只是無意識的，人的意志並沒有發揮作用。

他於是開始研究較不明顯的實例。巴斯德就是個好例子。因為中風，他腦子裡控制言語的那部分損壞掉了。但憑著莫大的毅力，痛苦地慢慢奮鬥，終於在

腦子裡發展了新的言語神經中心。

　　艾德勒發現了好幾百個相同的實例：小時候孱弱，長大後成了有名的大力士；從前不長於行走，後來成了芭蕾舞星；患過肺癆，卻成了大歌唱家等等。這些人拼命奮鬥，以克服他們的弱點，結果培養出超群的能力。這並不是造化在盲目補償，而是人的意志在發揮作用。

　　他漸漸發現，這彷彿是定律，彷彿人常常因為早期的弱點而獲得他們奮力以求的成就；也彷彿人必須有個欄，才會跳過去──欄越高，跳得越高。

智慧之泉

你可能一輩子都會隱隱約約覺得自卑感在作祟，而不知道原因是怎樣種下的。可是你只要試一試，就能發現箇中原因，並加以克服。你只要徹底分析自己，承認自己最大的缺點，再設法補救。這當然是一件難事。但如果找到線索，便能解決一切疑難。

02 大師的性格

　　米開朗基羅年輕時代酷愛學習。這使他陷入絕對的孤獨。在旁人眼裡，他孤芳自賞，生性怪僻，瘋瘋癲癲。不論何時，社交活動總使他感到膩煩。他沒有朋友，只和幾位嚴肅的人士來往。他生平只愛過一個女人——著名的德‧貝斯凱爾侯爵夫人維多利亞‧柯羅娜。但那只是一種柏拉圖式的戀愛。

　　確實，他自己就善於把人的形象理想化，而毋須借用別人的構思。以下事例可以證實這一點——這個人雖然很少創作出僅僅是賞心悅目的美術作品，可是不論在什麼地方見到這種美，他都會對之傾注滿腔熱情。一頭美麗的山羊、一道美麗的風景、一座美麗的山、一片美麗的樹林、一條好看的狗……無不引得他出神入迷。就像古希臘人誹謗蘇格拉底的愛情一樣，16世紀的義大利人對米開朗基羅愛美的天性也散布了不少流言蜚語。

　　米開朗基羅慷慨大度，分贈掉大量自己的作品。他說：「不管我多麼有錢，我的生活始終過得如同窮人一樣。」他從來不想那一切構成一個庸人生活之涵義的東西；他吝惜的唯有他自身的精力。

　　在進行重大創作期間，他常常和衣而睡，免得花去穿衣束帶的時間。他睡眠很少，而且經常半夜起床，抓起雕刀或鉛筆，記下他的構思。每逢那種時

日，他的一日三餐僅是幾片麵包。清晨，他把麵包揣在懷裡。其後在梯子上一邊工作，一邊啃麵包充飢。只要有一個旁人在場，就可能完全擾亂他的情緒。他必須處於一種與世隔絕之感，方能得心應手地工作。

為身邊瑣事而忙碌，對他來說，簡直是種折磨。儘管在自認為值得耗費精力的大事上，他果斷而有魄力，在小事上，他卻羞赧不前。例如，他從來不願出面舉行一次晚宴。

在他所塑造的成千上萬的人物形象之間，沒有一個被他遺忘過。他說，不經預先回憶一下是否已經用過某個形象，他絕對不動手勾畫草圖。因此，在他筆下，從不見重複。儘管在生活中的一切方面，他是那樣溫善、隨和，可是，藝術上，他表現出難以想像的多疑和苛求。他親手為自己製造鋸子、雕刀。不論多麼細微末節，他都不委由別人去做。

每當他在一件雕像中發現錯誤，他就放棄整個作品，轉而另雕一塊石頭。由於他往往不能把自己的宏偉構思付諸實現，甚至在他的天才達到爐火純青的地步時，他所完成的雕像也為數不多。

有一次，一剎那間他失去了耐心，竟把一座幾乎竣工的巨大群像打得粉碎。這是一座《哀悼基督》的雕像。

一天，紅衣主教法爾耐茲在競技場附近碰見這位已是風燭殘年的老人。他正在雪地裡行走。主教停下車子，問道：「在這樣的鬼天氣，像你這樣的高齡，還出門上哪裡去？」

「上學院去。」他回答：「想再努一把力，學點東西。」

　　米開朗基羅的門徒，騎士利翁納曾把他的肖像刻在一塊紀念碑上。他徵詢米開朗基羅的意見，問他想在陰面刻上什麼。米開朗基羅請他刻上一個由一條狗引路的盲人，並加上如下的題句——我將以你的道路去啟示有罪之人，於是不貞潔的心靈都將皈依於你。

智慧之泉

　　一個擁有偉大成就的人，最明顯的標誌就是對事業的信心堅定不移，具有堅強的意志。不管環境變換到何種地步，他所懷抱的初衷與希望絕不會改變絲毫。他會克服種種障礙，以達到自己所期望的目標。

散步

我們在田野上散步——我、我的母親、我的妻子和兒子。

母親本不願出來。她老了，身體不好，走遠一點就覺得累。我說，正因為如此，更應該多走走。母親點點頭，去拿外套。她現在很聽我的話，就像我小時候很聽她的話一樣。

天氣很好。今年的春天來得太遲，有一些老人挺不住，在清明將到時死去了。但春天總算來了，我的母親又熬過一個酷冬。

這南方初春的田野，大塊小塊的新綠隨意地舖著，有的濃，有的淡。樹上的嫩芽兒密了，田裡的冬水也咕咕地起著水泡……這一切都促使人思考一樣東西——生命。

我和母親走在前面，我的妻子和兒子走在後面。小傢伙突然叫起來：「前面也是媽媽和兒子，後面也是媽媽和兒子。」我們都笑了。

後來發生了分歧——母親要走大路，因為大路平順；我的兒子要走小路，他說小路有意思……不過，一切都取決於我。我的母親老了，她早已習慣聽從她強壯的兒子；我的兒子還小，他還習慣聽從他高大的父親；妻子呢，在外面，她總是聽我的。一霎時，我感到責任的重大。我想找一個兩全的辦法，找不出；

我想拆散一家人，分成兩路，各得其所，他們又都不同意。我決定委屈兒子，因為我同他相處的時日還長，同母親相聚的時日已短。我說：「走大路。」

但是，母親摸摸孫兒的小腦瓜，改變了主意：「還是走小路吧！」她的眼隨小路望去——那裡有金色的菜花，兩行整齊的桑樹，盡頭一口水波粼粼的魚塘……「我走不過去的地方，你就背我。」母親說。

這樣，我們就在陽光下，朝著那菜花、桑樹和魚塘走去了。到了一處，我蹲下來，背起了母親；妻子也蹲下來，背起了兒子。我的母親雖然高大，然而很瘦，自然不算重，兒子雖然很胖，畢竟幼小，自然也很輕，但我和妻子都慢慢地、穩穩地，走得很慎重，好像我背上的同她背上的加起來，就是整個世界。

智慧之泉

一個人只有肩負著責任，才能覺察出自己的重要。放棄了責任，就成了一個無關緊要的人。誰也不希望這樣被冷落。當責任在身，一種自豪感自會油然而生。

04 買驢的故事

　　墨西哥的一個小鎮有一座廣場，廣場旁邊有一幢教堂，教堂壁上有一具大笨鐘。除了教堂之外，還有幾家讓人喝咖啡、飲啤酒的餐廳和酒館。

　　一天，有個美國遊客來到這個小鎮。他既忘記了戴手錶，又沒有看到那座大笨鐘，因而不知道當時是幾點鐘。

　　這時，美國遊客看到一個戴大帽子、蓄八字鬚的墨西哥人，正躺在廣場邊的地上午睡，身邊還有一頭他養的驢子。

　　「請問現在幾點了？」美國遊客問。

　　墨西哥人被吵醒，坐起來擦擦眼睛，小心翼翼地捧起驢子的睪丸，回答：「現在是下午兩點整。」

　　美國遊客只當墨西哥人開玩笑，便隨手打開自己的收音機。收音機正在報告新聞，果然是下午兩點整。哇！好厲害！

　　美國遊客獨自在各處轉悠了好長時間後，再次走到身邊有頭驢子的墨西奇人身前。

　　「請問，現在幾點了？」他問。

　　睡眼惺忪的墨西哥人坐起來，再次把驢子的睪丸托高，回道：「現在是下午四點整。」

　　果然一秒也不差。美國人大為驚奇，決定把那頭會報時的驢子買下。

「先生，」美國遊客很有禮貌地問墨西哥人：「要怎麼做，才能叫驢子告訴我現在是幾點鐘呢？」

　　墨西哥人懶洋洋地回答：「很簡單！只要你把驢子的睪丸托高，便能看到那邊教堂上的大笨鐘了。」

智慧之泉

驢和時鐘本是風馬牛不相及的兩回事，在一定條件下，驢卻被誤認為報時的工具。

在現實生活中，必須多一點透過現象看本質的本領！

05 肯定自己的價值

　　保羅是一位很有成就的新聞記者。6歲時，他以難民身分抵達美國。在學校，因不會說英語，他深感痛苦。受到同學譏嘲，他不是大打出手，便是轉身逃避，結果養成了他所說的「難民心理」。這種心理表現在諸如此類的想法：「不要破壞現狀」、「到了人家這裡就該知足」以及「這種東西輪不到你」等等。

　　後來，在一次夏令營活動時，他的生命到了轉折點。「他們要我擔任營裡最有地位的職務──岸邊指導員，因為我具備必要的資格。」保羅說：「這時，我照例聽到內在的心聲在提醒自己：『這種美事輪不到你！你不是第一流的人。』可是，出乎意料之外，就像燈光忽然亮起來似的，我霎時恍然：現在應該輪到我了。於是，我答應擔任那個職位。」

　　保羅不能肯定他當時怎麼會恍然大悟。可是，那一刻的確改變了他的一生，使他擺脫了心理羈絆，變成「在我的世界裡真正的自己」。

智慧之泉

一般情形下，危機會傷害一個人的自尊心，從而使他更難以應付危機。凡是能肯定自身價值的人，遇到困難時都不大會覺得自己無能為力，反而更可能影響事情的演變，增強克服困難，取得勝利的信心。

06
懼

　　孫六生性膽小，晚上從來不敢獨自在外行走。即使是月色明亮、行人很多的大街，也非得有親友相伴，他才敢踏出家門。

　　有一天，孫六在朋友家玩時忽遇大雨，只好拖延到很晚。誰知，雨不但沒停，反而刮起了颱風，風聲呼嘯、電閃雷鳴。

　　朋友推測：孫六平素膽小，碰上這樣一個壞天氣，豈不要嚇破膽？還是我親自把他送回家吧！於是，他找出雨具，定要送孫六一程。

　　誰知孫六堅決推辭，要自己回家。

　　朋友笑道：「這種鬼天氣，街上連個人影兒都沒有，你一個人走路豈不嚇死？」

　　孫六沈穩地說：「街上沒人，我還怕誰？」

智慧之泉

猛禽兇獸很可怕，而牠們已近於絕滅；神怪妖魔很可怕，卻被人驅趕得無影無蹤。這個世界還有什麼比它們更可怕？只有人。人一旦讓邪惡蒙住了心，比神怪妖魔更可怕。

07 存錢罐與白紙

　　桌上有一個存錢罐和一張白紙。一天，存錢罐挺了挺裝滿硬幣的肚子，裝出一副大款的腔調說：「哎呀，白紙先生！你一無所有，難道不感到空虛嗎？瞧我！肚子裡有了錢，可實在多了。」

　　白紙回應道：「我並不感到空虛，因為我的未來必將很充實。」

　　存錢罐聽了，露出一絲不屑的諷笑。

　　一會兒，主人回來了。他似乎很高興，提筆在白紙上寫下兩行精美的字，然後裱成條幅，掛在書房裡。來往的客人見了這幅書法作品，無不嘖嘖稱讚。後來這幅書法成了傳世珍品，被國家博物館永久收藏。而那個存錢罐卻因書法家的孫子想取硬幣，給砸碎了。

智慧之泉

驕傲是滅亡的先聲，自誇是垮台的引子。驕傲的人總是在驕傲中毀滅了自己。一味孤芳自賞，自吹自擂的人，必事事落空。

08 何時最富有？

　　美國有一位億萬富翁，匿名捐款25年，總額達2億7千萬美元。去年，新澤西州一家慈善機構在第十次接到他的捐贈時，終於排除萬難，找到了他。這個人是格雷斯・佩奇，新澤西的一位糖果商。

　　消息傳出之後，記者蜂擁而至。

　　記者問道：「你都是在什麼情況下捐款？」

　　佩奇回答：「在感到最富有的時候。」

　　「那麼，何時是你最富有的時候？」記者進一步追問。

　　「在我想捐贈時。」佩奇朗聲回應。

智慧之泉

　　金錢意味著富有，擁有無數金錢的人卻不一定最富有。同理，最富有的時候也不一定最有錢。無論是窮人還是富人，只要內存一顆樸素的愛心，就是最富有的。

現　在

現在不可能停留，我們也不可能想像出一種純粹的現在。因此，現在等於零。現在總是一隻腳在過去，一隻腳在未來。對於時間，這種認識似乎很有必要。

在我們的經驗中，時間總是和「赫拉克利特之河」這個比喻相聯繫，彷彿赫拉克利特並未遠離我們多長時間。我們永遠是那個望著自己在水面上的影子並思考著「河不是河，因為河水變了；他不是他，因為真正的他已隨河水而去」的赫拉克利特。這就是說，我們既是變化的，又是固定的。

智慧之泉

沒有人會感覺到現在正在消逝；但任何人都會感覺到，現在已經消逝。

10 忘記了自己的猴子

有一隻猴子被耍猴人捉住。牠十分害怕，以為一切都完了，只等死亡來臨。誰知耍猴人並不殺牠，卻給牠穿上紅袍、戴上紗帽，教牠抬起前腳，直立著走路，又教牠坐在椅子上抽旱煙，模仿人的模樣與動作。猴子學了幾天，全學會了。耍猴人就讓牠騎在羊背上，叫羊馱著牠飛跑。猴子很得意。又讓牠坐在車上，叫狗拖著狂奔。猴子更加得意了，覺得自己比羊和狗都高貴。於是，對牠的夥伴羊和狗，牠總是愛理不理地擺出一副唯我獨尊的架式。

有一天，耍猴人在城市大街上敲響鑼鼓，招引來許多看猴戲的小孩。猴子戴著紗帽，穿起紅袍登場。孩子們哄笑起來：「官老爺來了，官老爺來了！」猴子一聽，更是萬分得意，好像牠真是一員大官了，拿起鞭子，往牠的夥伴身上狠狠抽打。牠早已忘記自己與羊和狗一樣，同是耍猴人的奴隸啊！

智慧之泉

社會與環境迫使人戴上各種面具。明智者戴上面具，又摘下面具，從而找到自我。可悲的是，有的人一戴上面具，就迷失於其中，心花怒放，以為自己本來就是這副面孔，到死也未能發現自己真實的模樣。

11 言少與言多

墨子曾對他的學生說過這樣一段話：「青蛙每天叫個不停，惹人厭煩；雄雞清晨一聲報曉，催人奮進。這就是說，說話不在多少，在於有用與否。」

其實他會錯蛙、雞之意了。雄雞選擇黎明，是因為牠學識豐富，了解人的心；青蛙喋喋不休，是為了掩飾牠內心的無知。

人也是如此。真正有學識的人多半少言寡語。那些大鳴大放的人正相反，胸中少墨，只會欺人欺己。

智慧之泉

語言最能暴露一個人的內心世界。只要你一說話，就能表達你的思想。你想言之有理、有物，使人聽而入迷，就得增加你的思想深度。

12 我們的心

在抽象畫畫展上，一幅作品吸引住觀者的眼睛。

有人說：「這是浪跡天涯的遊子在沙漠中艱難跋涉，留下的凌亂又清晰的足印。」

有人說：「這是母親的手，溫柔而自豪地輕撫著一個幼小的生命。」

有人說：「這是娥皇與女英在舜歸來時落下的淚，如此美麗又如此淒清。」

我們看畫時，無論因喜悅還是因觸景生情而動心，那畫還是畫，變化的是我們的心。

智慧之泉

一個人遭逢什麼樣的經歷，這種經歷就如什麼樣的畫，由他的心繪描出來，只有心才能辨識。

由他看我

導致一個人失敗的頭號原因是這個人缺少自知之明。所以你必須跳出自我封閉的圈子，多多採納別人的觀點。

「過去我一直不清楚我給別人留下的是什麼樣的印象。」美國捷運公司的安妮‧布斯奎特如是說。

4年前，她擔任奧卡公司的總經理。她發現，她管轄的兩千名雇員中，有5名故意隱瞞了2400萬美元的損失。她必須對此負起責任。那時，她在別人眼裡是一個凡事追求完美的人。這無疑給別人造成一種威脅感和敵對感。下屬對她極為害怕，以至於不敢上報壞消息。

布斯奎特失去了奧卡公司的工作。這卻給她提供了挽救美國捷運公司某些小部門的機會。開始時，她的自尊心受到震動，幾乎使她放棄了這一機會。但在奧卡公司的失敗，最終成為她進步的動力。

布斯奎特說：「我意識到我必須更加善解人意。」此後，她著力於培育自己的耐心，並成為一個很好的聽眾。她學會了如何正確地對待壞消息。

「我常常自問，為什麼有著共同利益的人，有好的一面，也有不好的一面。如果早這樣做，我早就解決了奧卡公司的問題。」

布斯奎特現在是一位執行副總裁。她的前任老闆

托馬斯‧瑞德說：「安妮的例子對那些事業陷入泥潭中的人是一個楷模。許多人因尋求安穩的職位，導致停滯不前。而她勇於面對挑戰，最後成功了。」

正如莎士比亞所說：「不幸釀就甜蜜。」失敗挽救了安妮‧布斯奎特，激發了馬科斯和布蘭克，把瑞克‧米勒推到了頂峰，也把捷曼造就成新世紀一個真實的傳奇人物。

如果你還不曾失敗過，那麼，為了你的事業，也許你應該品嘗一下失敗的滋味。

智慧之泉

對人而言，失敗是一種需要，和成功一樣有價值。只有在理解失敗的原因之後，你才能找到做好一種工作的方法。

14 活在今天

你說，要是你能過另一種生活，做你現在所不能做的事，那就好了。但是，你若真能過另一種生活和做那些事，恐怕你就會希望過你現在的生活，做你如今在做的事。

古猶太人在摩西帶領之下，離開埃及時，他們渴望前往上帝應許他們之地。可是，到了那裡之後，他們竟又懷念起埃及。他們希望同時生活在兩個地方。

現代人也一樣，都希望同時生活在所有的地方和所有的年代，生活在所有空間和所有時間，在無限量之上，在永恆之中。

智慧之泉

今天不來，明天一定來到。櫟樹都是慢慢地生長。且聽羅馬帝國的一句格言：「誰走得慢，誰就走得穩當。」

15 從個人做起

我們遇到陌生人時總是把臉轉開。難得有人協助一位既要拖孩子、又要拎東西的婦女走上樓梯；排隊上車或已經在車上坐下時，也難得讓位給老弱婦孺。

我們以個人的言行，能夠改變一天的面貌、片刻的心情、他人的感受。每個人轉念之間，就能使大家不好過或活得更開心。例如在公共汽車上讓位給人、逆來順受或處之泰然。那是決心要做個文明和合群的人物。

現在人人都嚷著減肥和減低膽固醇。但是，我們還應該決意阻止粗魯和敵意的蔓延。對人客氣，不能阻撓核子毀滅，也不能使無家可歸的人有屋可住，但它能改變你的社會形象，猶如韻律操能美化人的軀體一樣。

智慧之泉

良好的修養與禮貌就像一個氣墊，裡面可能什麼都沒有，卻能奇妙地減少人世交往的顛簸。

16 真切的藐小感

很久以前，在一個很遙遠的地方，一位老酋長處於病危之中。

他找來村中最優秀的三個年輕人，對他們說：「這是我要離開你們的時候了。我要你們為我做最後一件事。你們三個都是身強體壯又智慧過人的好孩子。現在，請你們盡可能去攀登那座我們一向奉為神聖的大山。你們要盡可能爬到最高的地方，然後折回頭，告訴我你們的見聞。」

三天後，第一個年輕人回來了。他笑生雙靨，衣履光鮮，說道：「酋長，我到了山頂，看到繁花夾道，流泉淙淙，鳥鳴嚶嚶。那地方真不壞啊！」

老酋長笑了笑，說：「孩子，那條路我當年也走過，你說的鳥語花香，那地方不是山頂，而是山麓。你回去吧！」

一週以後，第二個年輕人也回來了。他神情疲倦，滿臉風霜地做了報告：「酋長，我到了山頂，看到高大肅穆的松樹林，還有禿鷹盤旋。那是一個好地方。」

「可惜啊！孩子，那地方不是山頂，而是山腰。不過，也難為你了，你回去吧！」

一個月過去了，大家都開始為第三位年輕人的安危擔心，他卻一步一蹭，衣不蔽體地回來了。他髮枯

唇燥，只剩下清炯的眼神。他有氣無力地說：「酋長，我終於到達山頂。但是，那裡只有高風悲旋，藍天四垂。」

「你難道在那裡一無所見嗎？難道連蝴蝶也沒有一隻嗎？」

「是的，酋長，高處一無所有。你所能看到的只有你自己，只有『個人』被放在天地間的藐小感，只有想起千古英雄時心懷的悲念。」

「孩子，你到達的是真正的山頂。按照我們的傳統，天意要立你做新酋長。祝福你！」

智慧之泉

真英雄何所遇？他遇到的是全身的傷痕，是孤單的長途，以及越來越真切的藐小感。偉大嗎？什麼是偉大？只有在面臨偉大之時，你才能發現偉大的真諦。

17 敬畏生命

那是一個夏天的長得不能再長的下午，在印第安那州的一個湖邊。我起先只是不經意地坐著看書，忽然發現湖邊有幾棵樹正在飄散一些白色的纖維，大團大團的，像棉花似的，有些飄到草地上，有些飄入湖水裡。我當時沒有十分注意，只當是偶然風起所帶來。

可是，漸漸地，我發現情況簡直令人吃驚。好幾個小時過去了，那些樹仍舊渾然不覺地飄送著那些小型的雲朵，倒像是一座無限的雲庫似的。整個下午，整個晚上，漫天漫地都是那種東西。第二天，情形完全一樣。我感到詫異又震撼。

其實，小學的時候，我就知道有一類種子是靠風力、靠纖維播送的，但那只是一條測驗題的答案。那幾天真的看到了，滿心所感到的是一種折服，一種無以名之的敬畏。我幾乎是第一次遇見了生命——雖然那屬於植物。

我感到那雲狀的種子在我心底強烈地碰撞了什麼東西，不能不被生命那豪華、奢侈、不計成本的投資所感動。也許在不分晝夜地飄散之餘，只有一顆種子足以成樹，但造物者樂於做這等驚心動魄的壯舉。

我至今仍然常在沉思之際，想起那一片柔媚的湖水，不知湖畔那群種子中有哪一顆種子成了小樹？至

少，我知道有一顆已經成長。那顆種子曾遇見一片土地，在一個過客的心之峽谷裡蔚然成蔭，教會她，怎樣敬畏生命。

智慧之泉

生命就是一種力量，它時刻都在征服著周圍的一切。生命就是如此堅強。它以它的頑強給世界帶來驚詫，誰也不能不敬畏。

父親，那一年，繽紛的花朵點亮了森林裡的原野。那個穿藍裙子的女兒提著潔白的樺皮筐，在你的原野上採摘紅紅的草莓。

陽光很強烈。我不禁把一雙小手接起來，搭成了一個額前小棚。

父親，那時候，你一邊吹著歡快的口哨，一邊用青藤給我編了一頂草帽。

我戴上草帽，沈浸在清涼的夢裡。小路彎彎，長滿了夏的葳蕤。我向前走去，一路吹著蒲公英的白絨絨。

父親，那時你站在一株老樹下笑望著我。樹很老，你很年輕。

「花兒為什麼要落呢，爸？」

「花落了，還會開的。」你豁達的話語，隨著徐徐的清風，播入我的心靈。我的樺皮筐裝滿了紅色的星星。

後來，色彩真的飄走了。我在憂鬱的心谷裡記著你這句話，整整一個冬天，穿過許多次凜冽的寒風。終於，我又走進一片花的繁榮。

可有一天，父親，你怎麼會如那片逝於秋風的葉片呢？

我癡癡地默誦著你的話，隨著蕭瑟的風，去葬了

那枯葉的棲所尋你。

　　原野依舊。

　　太陽依舊。

　　那株老樹，竟然老得年輕。

　　我悲哀地垂下眼睛。天好熱，卻沒有了那頂綠意盎然的草帽，可以靜靜地為我降下一片濃蔭。

　　花落了，還會開。

　　父親，可你一去，再也沒有回來……

智慧之泉

花落了，來年還會開。人去了，就再也不回來。珍惜生命吧！擁有最充實的生命，去了，就不會留下遺憾。

比賽

以前有一位印第安酋長，慣於用比賽考驗部落中的年輕士兵。有一次，他選出四位傑出的青年，對他們說：「我要你們爬上山去，爬到自己氣力能耐的極點，然後從山上取來一樣東西作為證物。」

翌日清晨，四位強壯的印第安青年同時出發上山。半天過後，第一位歸來的，手握針樅一枝，顯示他爬到的高度。第二位帶回一小枝松木。過不久，第三位抱著一種生長於高山的灌木報到。

踏著皎潔的月色，第四位終於跟蹌而歸。他顯然筋疲力竭，雙腳早被尖石劃裂。

「你帶什麼回來？爬多高？」酋長問道。

「我到達的地方，沒有針樅，沒有松木可供遮蔭，也沒有沿路的花兒可以驅逐長途跋涉的疲勞，只有石頭、山雪和荒野。我的腳受傷，渾身疲憊不堪，很晚才能回來。但是，」年輕的戰士雙眼突然發亮，「我見到了大海！」

智慧之泉

一個人付出什麼樣的艱辛，就會得到相應的收穫；付出的艱辛越多，收穫越大。

20 在你自殺之前……

你已經決定孤注一擲。生命對於你，已不再有吸引力。你選擇了自殺。

好的。但你在殺死自己之前，我想告訴你幾件事。我是精神病院的護士，親眼看過種種自殺者的下場。

自殺不一定能成功。你以為你一定能殺死自己嗎？請看那位25歲的青年，他試圖電死自己。然而他活著，但是兩條胳膊都失去了。

那麼跳樓怎麼樣？去問問約翰。他曾是一個多麼聰明又富有幽默感的人。但這都是他跳樓以前的事了。如今，他的腦子受到損傷，拄著拐杖，步履蹣跚，永遠需要別人的照顧。最糟糕的是，他還明白他曾是一個正常人。

甚至於一些不太劇烈的方式，也會使你變成殘廢。你想吃安眠藥求死嗎？看看那個12歲的孩子，他就是因此而得了嚴重的肝病。你見過危重的肝病患者嗎？你會在全身慢慢變黃中死去。這條路實在是太痛苦了。

不相信沒有萬無一失的方法嗎？或許你想用槍？那位24歲的年輕人向自己的腦袋開了槍。現在他拖著一條腿和一隻沒用的胳臂，並且喪失了半邊的視覺和聽覺。

自殺並不那麼充滿魅力。你可以設想一個電影明星是在吞服了過量的安眠藥之後，穿著睡衣，進入了長眠。但是，在你的設想中忽略了一個事實：伴隨著死亡，她的肌肉變得僵硬。最後，全部美麗化作塵埃。

　　誰從地板上擦掉你的血跡、刮掉你的腦漿？誰把你從上吊的繩上解下來？誰從河裡撈起你腫脹的屍體？你的媽媽？你的妻子？還是你的兒子？這種差事，即使職業清潔工也會拒絕的，但總得有人去做。

　　你的那封精心措詞、愛意切切的訣別書是沒有用的。那些愛你的人永遠也不會完全從這件悲痛的事情中解脫出來。他們懊悔，陷入無邊的痛苦，同時感到憤怒，因為那時你只想到了自己。

　　自殺是一種傳染病。看看你的家庭成員：兒子、女兒、兄弟、姊妹、丈夫、妻子。你4歲的兒子正在地毯上玩他的小汽車。如果你今天晚上殺死了你自己，那麼10年後，他可能也會幹出同樣的事。事實上，自殺常常導致家庭其他人的自殺。因為孩子們在這方面尤其脆弱，所以就更容易受到傷害。

　　你必須做出其它選擇。總會有人在危機中給你幫助。打個電話找找朋友、看看醫生，或者去叫警察。也許他們會告訴你，生活還是有希望的。這希望之光也許來自明天的一封信；也許來自週末的一通電話；也許來自某位在商店相遇的好心人。你不知道它來自何處——沒有人知道。但是，你所期待的可能就在一分鐘、一天或一個月後突然到來。

你仍舊堅持要幹這件蠢事嗎？一定要幹嗎？那好吧！不久我就會在精神病院的監護室裡與你相見。屆時我們將照料你所剩下的一切，依然要做所有你再也做不了的事。

智慧之泉

不要虐待生命。當你向自己舉起自殺之刀，不妨抬起悲傷的眼看一下。瞧！太陽多麼明亮，天多麼蔚藍……這一切只能藉由生命，才能享受和欣賞。當生命結束，這一切一切也就見不著了。

21 以人為本

　　一個星期六，人們都度假去了，美國休一帕公司的老闆比爾卻悄悄地在屬下的一個工廠巡視。他發現那裡的實驗庫房區上了鎖，便立刻跑到維修班，找到一把螺絲刀，把庫房門上的鎖撬了下來。

　　星期一早上，上班的人讀到他留下的一張字條：「永遠不要將此門鎖上。謝謝！」

　　為什麼不要上鎖？這正是休一帕公司不同凡響之特點的一種表現。

　　休一帕公司對自己雇員的信任充分體現在「實驗室庫房開放政策」之上。公司的工程帥不僅可以自由出入庫房取用物品，而且他們受到鼓勵，將零部件帶回家供個人或家庭使用。老闆這樣做的理由是：不論他們拿這些零部件或設備做什麼用，不論是否與他們的工作有關，只要他們在這些零部件或設備上下功夫，或者在公司，或者在家裡，他們就會學到東西，從而加強公司的技術革新能力。

　　這一政策是他們「以人為中心」這種經營哲學的體現。結果是全體職工的獻身精神大大增強。職工碰在一起，談的往往是產品質量之類的問題。大家都為公司及自己部門的成就而自豪。當70年代大蕭條時，公司從老闆到職工，每人減薪10%，因為大家都失去了10%的工作。沒解僱一人，也沒有一人辭職。

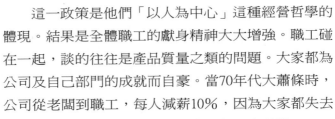

他們把這種「培養團隊精神，面向人，以人為核心」的經營哲學稱為「休一帕方式」。老闆比爾說：「這些話聽起來有些陳腐，但戴維（另一位老闆和創始人）和我由衷地、誠心誠意地相信這種哲學。」

智慧之泉

只有那些善於判斷、思考、選擇、創造適合於某時某地的管理方式，不因追求時髦而盲目接受，不因偏激而一概排斥的人，才有希望找到贏的策略。

第一輯 在大海面前

獅子和小狗

從前，倫敦人要觀賞展覽的野生動物，要嘛帶錢，要嘛就帶隻狗或貓，投給野獸。

有個人很想觀賞這些野獸。他在街上抓到了一隻狗，把牠帶到動物園。他被允許進去觀看，這隻狗則被扔進獸籠，餵食籠中的獅子。

小狗蜷曲著尾巴，戰戰兢兢地緊靠在籠子的一角。獅子走近牠，嗅了又嗅。

小狗仰身躺在那兒，抬起4隻小腿，搖著尾巴。獅子用爪子輕輕地動了動牠，把牠翻了過來。小狗跳了起來，用後腿站立。

獅子看了看小狗，把頭從這邊轉到另一邊，再也沒有動牠。

當主人投給獅子一塊肉時，獅子撕下了一塊，留給小狗。晚上，獅子睡覺時，小狗躺在牠旁邊，把頭枕在獅子的大爪子上。

從此，小狗就和獅子生活在一個籠子裡。獅子從來不侵犯牠，只吃主人投進籠裡的食物，有時還和牠玩耍一番。

一次，小狗的主人來到動物園，認出了那是自己的狗，便向動物園的老闆討要。老闆答應歸還他。但是，只要他開口喊小狗，讓牠出籠，獅子就豎起身上的毛，低沉地怒吼起來。

就這樣，獅子和這隻小狗在籠子裡共度了一年。不久，小狗得病死了。獅子停止了進食，常常嗅著、舔著小狗，伸出爪子撫摩牠。

待獅子終於明白小狗已經死去，牠突然跳躍不止，金毛倒豎，不斷用尾巴抽打自己的腰部，撞擊籠壁，啃咬門閂和地板。牠整天輾轉不安，在籠內四處亂竄，狂號不止，而後就躺在死去的小狗之前，終於安靜下來。老闆想把那隻死去的小狗拽出去，但獅子不允許任何人靠近牠。

老闆判斷，如果往籠內放進一隻新的小狗，也許能使獅子忘記自己的痛苦，於是就向籠內投進一隻活蹦亂跳的狗。但是獅子立刻把牠撕成碎片。而後，獅子用自己的爪擁抱著那隻死去的小狗，憂傷地躺了5天。第6天，獅子也死去了。

智慧之泉

一隻孤獨的猛獸，在困厄之中與一弱小者建立了深厚的感情，這種感情是牠們相互依存的支點。當這個支點越固越牢，牢不可分之時，支點突然倒塌，這孤獨的猛獸就只能追隨友誼而去了。

人定勝天

有一所位於偏遠地區的小學校由於設備不足，每到冬季，便要利用老式燒煤鍋爐取暖。有個小男孩每天提早來到學校，將鍋爐打開，好讓老師、同學們一進教室就能享受到暖氣。

有一天，老師和同學們到達學校時，發現有火舌從教室冒出。他們急忙將這個小男孩救出。但他的下半身已被嚴重灼傷，整個人完全失去意識。

送到醫院急救之後，小男孩稍微恢復了知覺。他躺在病床上，迷迷糊糊地聽到醫生對媽媽說：「這孩子的下半身被火燒得太厲害了，能活下去的希望實在很渺茫。」

這勇敢的小男孩不願就這樣被死神帶走，他下定決心要活下去。果然，出乎醫生的意料，他熬過了最關鍵的一刻。

等到危險期一過，他又聽到醫生在跟媽媽竊竊私語：「其實，保住性命對這孩子而言不一定是好事。他的下半身遭到嚴重傷害，就算活下去，下半輩子也注定是個殘廢。」

這時小男孩心中又暗暗發誓，他不要做個殘廢，他一定要起身走路。不幸的是，他的下半身毫無行動能力。兩隻細弱的腿垂在那裡，沒有任何知覺。

出院之後，他媽媽每天為他按摩雙腿，不曾間

斷，但仍是沒有任何好轉的跡象。即使如此，他要走路的決心也未曾動搖。

平時他都以輪椅代步。有一天，天氣十分晴朗，媽媽推著他到院子裡呼吸新鮮空氣。他望著燦爛陽光照耀下的草地，心中突然有了一個想法。他奮力將身體移開輪椅，然後拖著無力的雙腳，在草地上匍匐前進。

一步一步，他終於爬到籬笆牆邊；接著他費盡全身力氣，努力扶著籬笆站了起來。抱著堅定的決心，他每天都扶著籬笆練習走路，一直走到籬笆牆邊出現了一條小路。他心中只有一個目標：努力鍛鍊雙腳。

憑著鋼鐵般的意志，以及每日持續不斷的按摩，他終於能用自己的雙腳站起來，然後走路，甚至能跑步。他後來不但走路上學，還能和同學們一起享受跑步的樂趣。進入大學時，他還被選入田徑隊。

一個被火燒傷下半身的孩子，原本一輩子都無法走路、跑步，但憑著他堅強的意志，跑出了全世界最好的成績。

智慧之泉

堅強的意志是使生命更加輝煌的動力。當你面臨困厄、承受苦難時，誰也不能幫助你。但只要意志還在，你就能柳暗花明，重新找到生命的價值。

向無名小草道歉

　　如果你不小心踩倒一株無名小草，你應該彎下腰向它道歉；如果你碰翻了一輛自行車，你要把它扶好，並向它的主人請求原諒。

　　每天吃飯時，你會不會充滿歉意地在心中向豆芽菜、胡蘿蔔致謝？你呼吸、走路、穿著暖和，會不會想到應該對天空、大地、農民和工人表示感激？

　　沒有這一切，就沒有你──你是世上一個愛的結果。蝴蝶、花使你的眼睛感到愉快，這愉快傳到你的胸間；溪水潺潺的流動聲也從你的耳朵直達你的心靈。你生活在一個處處向你表達關切與愛意的世界，倘若你對這些偉大而默默無語的愛視而不見，你就是野蠻粗暴的。尊敬任何一種生命，尊敬每一件充滿柔情的事物，就是尊重你自己，尊重自己純潔的心靈。

　　如果你踩倒了一株無名小草而若無其事；如果你指責替你端來水杯的人沒有為你在杯中放糖……你就不能算是一個人，因為你蔑視生命，傷害了人性，你使那眾多愛你的事物因你而遭受苦痛。

智慧之泉

在尊敬中舉起雙手，是獻給生命及萬物崇拜和讚美，生命、萬物因愛而偉大，一切行為都會為它增添榮耀，只要你堅信。

25 國王和書

著名的歷史學家麥考萊在寫給一個小女孩的一封信中這麼說：

「如果有人要我當最偉大的國王，一輩子住在宮殿裡，有花園、佳餚、美酒、大馬車、華麗的衣服和成百的僕人，條件是我不能讀書，那麼我絕不當國王。我寧願做一個窮人，住在藏書很多的閣樓裡，也不願當一位不愛讀書的國王。」

智慧之泉

讀書，這個我們習以為常的平凡過程，實際是人的心靈和上下古今一切民族的偉大智慧相結合的過程。

26 大器之材

　　1995年，我在西雅圖景嶺學校圖書館擔任管理員。一天，有同事推薦一個四年級學生來圖書館幫忙，並說這個孩子聰穎好學。不久，一個瘦小的男孩來了。我先跟他講了圖書分類法，然後讓他把已歸還圖書館卻放錯位置的圖書放回原處。

　　「像是當偵探嗎？」

　　我回答：「那當然。」

　　接下來，男孩不遺餘力地在書架的迷宮中穿來插去。休息時，他已找出了三本放錯地方的圖書。

　　第二天，他來得更早，而且更不遺餘力。幹完一天的活後，他正式請求我讓他擔任圖書管理員。又過了兩個星期，他突然邀請我上他家做客。吃晚餐時，孩子的母親告訴我，他們要搬家了，到附近的一個住宅區。

　　孩子聽說要轉校，擔心地說：「我走了，誰來整理那些排錯隊的書呢？」

　　我一直記掛著他。但沒過多久，他又在我的圖書館門口出現了，並欣喜地告訴我，那邊的圖書館不讓學生幹，媽媽把他轉回我們這邊來上學，由他爸爸用車接送。「如果爸爸不帶我，我就走路來。」

　　其實，我當時心裡便應該有數，這小傢伙決心如此堅定，那就天下無不可為之事。我可沒想到他會成

為資訊時代的天才——微軟電腦公司大亨、美國首富——比爾・蓋茲。

智慧之泉

當某個人朝著你高喊「向前進」的時候，你要學會為自己指明前進的方向；否則，你可能朝著他人的方向前進，隨波逐流，結果是讓自己失去了方向。比爾・蓋茲學生時代就表現出執著的精神，那還有什麼困難不能克服呢？

27 還俗和尚

一個和尚因為耐不得佛家的寂寞，下山還俗去了。

不一個月，因為耐不得塵世的口舌，又上了山。

不一個月，又因不耐寂寞，還是走了。

如此三番，廟中一位老僧就對他說：「你乾脆也不必信佛，脫去袈裟；也不必認真去做俗人，就在廟宇和塵世之間的涼亭那裡設一個去處，賣茶，如何？」

這個還俗的人覺得有道理，就討了個小娘子，支起一爿茶店。

老僧的指引很對。否則，半路子的人只能做半路子的事。

智慧之泉

生活的方式各種各樣，究竟哪種方式屬於你？這就好比穿鞋一樣，再好的鞋子，若不合你的腳，就不是好鞋子，不好的鞋子，若合你的腳，就是好鞋子。生活就是這樣，給一個人一雙合腳的鞋子，他就能得到幸福。

第二輯
飛翔才美麗

01 跛足歌手的奉獻

　　一個青年因為貧窮和無助而企圖自殺，在森林中徘徊。

　　這時，他驚奇地看到：三月的風中，一位跛足的歌手自遠方而來，彈著古樸斑駁的豎琴。他的臉上洋溢著快樂又幸福的神情。整片森林因他的放歌而充滿生機。

　　那頹喪的青年終於明白：原來一個人自身的貧寒並不妨礙他對世界做出貢獻，不妨礙他過得快樂。

智慧之泉

凡是痛苦與歡樂不能兼得的人，便是既不愛歡樂亦不愛痛苦；只有兼得歡樂與痛苦的人，才可能懂得人生的價值和離開人生時的甜蜜。

02 美麗的我

　　踏上末班電車，我一坐下，身旁一位中年男人突然拿出巧克力，微笑著說：「給妳。」我不假思索地接受了。接著他詢問我的年齡。然後笑著說：「20歲左右的女孩子為什麼這麼純真？」我想這人真怪，不禁笑了。看到我的笑容，他突然問：「在下車之前，能讓我為妳畫張像嗎？」還是第一次有人對我提出這種要求。他可能40歲出頭吧？頭上已有了白髮，但並不給人上年紀的印象。未等我回答，他就開始畫了。

　　「自然地看著我的眼睛。」

　　我看著他的眼睛，緊張感逐漸消失。他的眼睛真不可思議。

　　這期間，我們交談起來。他是一位職業畫家。他送給我的明信片背面寫著他簡單的履歷，表明他擁有相當的實力和名聲。

　　這時，我心中的純真之情逐漸消失。他是一位職業畫家，並不是誰都能讓他作畫的。他好像看中了我。下次遇到朋友時，我可以炫耀一下了。我沉浸在一種優越感中。

　　談到他的專屬模特兒，我一驚——那是我中學時的同學，她在學校中就美貌出眾。

　　「以後我當模特兒，會更漂亮。」我心想著，並努力掩飾自己的嫉妒。

是呀！我只不過是偶然路過的人。當畫家的模特兒，就應該是她那種人。我感到剛才的自己很可憐。

可能是畫家注意到我的表情，他突然停住那握住畫筆的手。

「妳認為美是什麼？——妳剛才不是把僅空著的一個座位讓給一位老人了嗎？所以我想畫妳。我認為妳很美。」

我感到心中的陰霾驟然消散了。他認為有這種行為的我很美麗，才為我畫像，所以他的目光那麼溫柔。

畫完成時，車已到站。畫上的我呈現出一種難以描述的表情。

「那麼，再見。」我跟畫家握手道別。

我還想再見他一次。他給我的明信片和那張「美麗的我」至今仍是我最寶貴的財富。

智慧之泉

心靈之美顯現出一種無言的內涵；心地又是和外表的表現相聯繫的。常言說得好：「面容是內心的鏡子。」你若要讓外在的美洋溢著生命力，就得讓心靈常美。

０３ 最浪漫的愛情

　　那時，我在故鄉開了一家小點心店之後，日子寧靜而安詳。

　　每個週六，一對銀髮老人總是準時在6點30分來我的小店共進晚餐。因為次數多了，他們與服務員已經熟識，連我也認識了他們。

　　這是一對恩愛的夫妻，孩子們都已成家立業，於是他們便有了閒心與閒情尋找浪漫。因為是老顧客，每次我們都多奉送一份水果。那位老先生總是說：「花是年輕人的，果實才是老年人的。」

　　年輕時，他浪跡天涯，四處打拼。回憶那段時日，他總是慷慨激昂。這時，他的太太總是幸福地凝聽。服務小姐不時地發出笑聲，為他喝彩，而他太太總是微笑著，不插嘴，也不附和什麼……

　　有一天，服務小姐問那老太太要果汁還是啤酒，她茫然地搖搖頭。這時，老先生才告訴我們，她是個聾啞人。

　　我們都很感動，為此特地播放了蘇芮演唱的那首《牽手》。歌中唱道：「因為路過你的路，因為苦過你的苦……不談來世，只談今生的相依相聚。用自己的左手溫暖自己的右手，只是一種自憐；用自己的雙手去緊握另外一雙手才是真愛……」

　　一曲終了，那位老先生大聲地說：「我認為最浪

漫的事，就是和她一起慢慢變老。」

　　霎時間，整個餐廳沒有一點聲音。大家都臉露微笑，各自想起自己心底的人兒……

智慧之泉

「少年夫妻老來伴」這句話一直是夫婦之間的經典名言，有些人年輕時會花花草草地到處留情，殊不知到頭來最親密的人兒，就在我們的身邊。

04 穿破皮鞋的大學生

　　1915年獲得諾貝爾物理學獎的威廉・亨利・布拉格，年輕時在威廉皇家學院求學。

　　這裡讀書的人大多是富有人家的子弟，可布拉格衣衫襤褸，拖著一雙比他的腳大得多的破舊大皮鞋。那些富家子弟見他這套裝束，不僅譏諷他，而且栽誣他這雙破皮鞋是偷來的。一天，老學監把他召到辦公室，兩眼死盯著那雙破皮鞋。布拉格明白是怎麼回事。他從懷裡掏出一張小紙片交給學監。這是他父親寫給他的一封信，上面有這樣幾句話：

　　「兒呀，真抱歉！但願再過一、兩年，我的那雙破皮鞋，你穿在腳上不再嫌大……我抱著這樣的希望——一旦你終於有了成就，我將引以為榮，因為我的兒子正是穿著我的破皮鞋努力奮鬥成功的。」

　　老學監看完之後，也被深深地感動了……

智慧之泉

　　貧窮是最好的老師，它教人奮發圖強，懂得生活，心思敏捷……

05 聆聽

　　我常常在一爿雜貨店裡遇到她——一個老婦人。她一見到我，總是嘮叨個沒完。即使心煩意亂，我也得耐著性子聽下去。

　　一天，她對我說：「我要去南方了，那兒春季的高溫氣候能防止我關節炎發作。不過，我會很快回來的，免得你惦念。」

　　「就妳一個人？」

　　「對，就我一個。我是個窮老太，常遇到像你一樣的大好人，願意聽我瞎嘮叨。」

　　我猛然領悟，我的耳朵不只屬於我自己。

智慧之泉

人與人之間既難免相聯繫，就得學會使自己快樂，也使他人快樂；不傷害自己，也不傷害他人。這是倫理學的全部內涵。

06 合 影

　　隆納德‧雷根剛剛結束他在加利福尼亞州擔任的最後一任州長任期不久，便來到一個警界首腦人物的招待會，做一個重要的演講。當時我是會議主持人。在舉行歡迎儀式的過程中，雷根站在我和另一位警察首腦之間，拍了一張照。

　　不久，我收到了兩張沖洗好的照片。為了更加突出和炫耀自己能單獨和州長一起合影留念，我將照片上的另一位同仁剪去了，然後安放到相框中，掛到了牆上。

　　幾年後，雷根當上美國總統。這時，我想起了那第二張照片。考慮到那位同仁至今一張也沒有，便將那張三人合影寄給了他。

　　之後，當我來到那位同仁的辦公室時，卻驚訝地發現，牆上醒目的地方懸掛著一張只有他和總統兩人一起合影的照片。照片上的我，自然已被剪去了。

智慧之泉

攀權附貴是那些諂媚者與小人物的伎倆。遇見比自己高大的人物，他們總是如蒼蠅般附上去，分享一點榮耀，以為自己藉此就鍍上了發光的黃金；遇見不如自己的人，就躲得遠遠的，生怕沾上臭味。

07 相等性原理

某一家大飯店的經理在大廳外散步時，遇到一位愁眉不展的擦鞋匠。飯店經理走過去，伸手拍著擦鞋匠的肩膀，安慰道：

「我說朋友，何必這樣悲觀？我年輕時也曾給人擦過皮鞋。可你瞧，我現在已是這家大飯店的經理了。所以，你應積極地參與自由競爭社會的自由競爭。」

擦鞋匠望著這位得志的經理，回答道：

「哎！我原來也是大飯店的老闆，現在卻在這裡給人擦皮鞋……這就是因為我在自由競爭社會裡參與自由競爭的緣故。」

智慧之泉

尚未成功的人還能心懷希望，一個從高處跌落的失敗者，希望破碎的痛苦卻很難驅除。失敗的英雄不好當，因為失敗的陰影太沈重了。

08 夢

　　大凡一個美夢，醒後總讓人細細咀嚼，執著地回味，憶及夢中的歡樂、夢中的情緣，但終覺朦朧一片，意象時有時無。越朦朧，越揪心地想，想再次走進那片天地，直想得頭昏腦脹。明智者則淡然一笑，置之腦後，因為夢境畢竟虛無渺茫。有些人有了一次美麗的感覺，就以為是所追求的一切。夢，夢，夢，終究做成了夢，而且大都是可怕的夢魘。

　　世間萬物，得不到時應坦蕩些，瀟灑地放棄。若不然，只能徒增累贅和痛苦。

第二輯　飛翔才美麗

09 愛情故事

多少年來，我每天在同一時間搭乘公共汽車，當然認識了許多人的臉。乘客中有個美麗的女郎，一上車就看書，一直看到下車為止。她總是把傘掛在門邊的把手上，有幾次險些忘記把傘拿走。有個青年已經對她傾慕很久，這把傘給了他跟她說話的機會。

「妳忘記拿傘了。」有一天，他靦腆地對她說。她嫣然一笑。

他們就這樣認識了。後來有幾個星期，有幾次我看見他們坐在一起，談得很起勁。又過了幾個月，我看見他們手上戴了結婚戒指。可是，他們不像以前那樣健談了。她又在看書，他也在看報。

我始終沒注意到婚後兩人的關係已改變到什麼地步。直到有一天，她又忘記了拿傘……

「妳的傘！」她丈夫不耐煩地叫道——跟過去溫柔的態度完全不同了。

智慧之泉

愛情是追求婚姻的過程，可是有了結果之後，人們卻往往忘了「永續經營」這個道理。因此，滿街的怨偶或離異事件便層出不窮了……

古匈奴王求婚 10

西漢初年，匈奴在冒頓單于的領導下國力強盛，而劉邦建立西漢王朝後，遇到的卻是一個經濟十分殘破的局面。劉邦首先要整頓並恢復國內的經濟和秩序，所以對匈奴採取了積極爭取和平相處的方針，後又與冒頓單于「約為昆弟」，以兄弟相稱，關係十分友好。

劉邦病死之後，他的皇后呂雉成了寡婦。過了三年，冒頓單于的妻子也死了。他覺得自己和呂雉若能結合，再合適不過了，於是寫了一封向呂雉求婚的信，派使者送到長安。

信一開始，他首先說明自己生長在草原上，靠放牧牛馬為生，與漢朝過著不同的生活。接著他說自己幾次到過漢朝的邊境，很願意到漢朝一遊；然後直截了當地向呂雉表白自己求婚的心情：「階下獨立，孤僨獨居。兩主不樂，無以自虞（娛）。願以所有，易其所無。」

呂雉接到這封求婚的情書，不知怎麼處理才好，就召集朝中大臣商量。有人認為，這是冒頓對呂雉的侮辱，應當斬殺使者，發兵討伐匈奴。也有人認為，匈奴的習俗與漢朝不同，不要把這封情書看成「惡言」，要有禮地妥善解決。呂雉接受了後一種意見，由張澤代為起草了一封婉言拒絕的信。

信中首先對冒頓想到呂雉寡居的痛苦，寫信來求婚，表示感激。接著說：「退日自圖（謀），年老氣衰，髮齒墮落，步行失度，單于過聽，不足以自污。」說明自己歲數已經老了，不想再成婚。然後給冒頓單于送去兩輛車、兩匹馬，表示對他的感謝和問候。

冒頓收到這封拒絕求婚的信，不但沒有生氣，反而再度派出使者，表示尊重漢朝的禮儀，感謝呂雉的回信，並希望兩國繼續友好地相處下去。

冒頓向呂雉求婚，乃是因劉邦與冒頓曾約為兄弟，按照匈奴「兄死，盡妻其嫂」的習俗，並不含侮辱之意。

智慧之泉

誠實是雄辯能力的一部分。人因自己的熱誠而使他人信服；誠實是一個人得以保持高尚的因素。

11 卵石的寓言

一個人正在沙漠裡散步。突然，一個聲音對他說：「撿一些卵石放入你的口袋，明天你會又高興又後悔。」

這個人彎腰撿了一把卵石放進口袋。第二天，他將手伸進口袋，發現了鑽石、綠寶石和紅寶石。他感到又高興又後悔。高興的是他拿了一些；後悔的是沒能多拿一點。

在貪婪者心中，後悔一定大於高興。他恨自己沒把整個沙漠的石子全裝進口袋。否則，他就可以富甲天下了。

智慧之泉

貪婪是人性的弱點，對於本身努力之外的獲得，我們應該用一種「惜福」的心情來感受，而不應以不知足的態度來惋惜！

12 小孩與花

鄉道上，一個小孩正低下身子，和路邊的花說著一些我聽不明白的話。我問他：「你對花說些什麼？」他聽不清。我只好蹲下來對他又說了一次。他回答：「我對花說：『你今天開得真好看。』」

他還告訴我，如果要對花說話，一定要蹲下來，在花邊耳語，花才能聽見，就像我對他說話時也要蹲下一樣。

這孩子的話使我呆站路邊良久，尋思著：如果我們不能蹲下來平視，就不能了解孩子，也不能看清路旁的花；如同我們不赤足伸進溪水，就永遠不會知道溪水的溫度。

智慧之泉

你不蹲下，就看不到更多的花；只與一朵花交談，很多花會因受到冷落而枯萎。你要與每一朵花交流，就得用目光去愛撫、親吻它們。但是，切莫成為採花之蝶。

13 快樂的人

　　如果你看到一個真正快樂的人，你會發現他正在造船、譜寫交響曲，或是在戈壁沙漠找恐龍蛋。他不會像打滾到沙發下找鈕釦那樣去找快樂，也不會把它當作一個目標那樣去追求。他只是發覺，自己因為24小時都忙碌地活著而快樂。

智慧之泉

　　一個人快樂與否，完全取決於他對人、對事、對物的看法如何，因為生活是由人的思想和行動造就的，快樂也是由人自己去尋找。真快樂不好尋找，永遠快樂不好把握，只要時時快樂就夠了。

第二輯　飛翔才美麗

14 值得欽佩

我陪客人到海上釣魚。他告訴我，他釣鮭已歷30年，卻從來沒有釣起過一條大得可以得獎的大魚。

言罷不久，他就釣到一條巨大的大西洋鮭。這條巨魚瘋狂地在釣線所及的大範圍內掙扎。我的客人用盡所能，將魚控制住。我擔任嚮導45年，從未見過這樣劇烈奮戰的魚。

人魚大戰了整整三個小時，還難以預測勝負。最後客人終於把魚拉到了岸邊。我手持魚叉站在那裡。

「不要叉它，」客人忽然大叫，「把釣線切斷吧。」

我在驚訝中切斷了釣線。巨魚得到了自由，游去無蹤。

「不管得不得獎，」他輕輕地說：「像這樣智勇善戰的魚，是不該讓人為了娛樂而殺死的。」

智慧之泉

人想征想一切。可一旦碰到難以征服的勇者，征服的欲望會緩和下來，一種惺惺相惜的豪氣油然而生。

15 飛翔才美麗

蒼天下，一隻不知名的鳥展翅高翔。莊子翹首仰視，讚嘆道：

「這是什麼鳥？它來自何方？

「它是西王母所居崑崙山的青鳥，抑或是南禺山的鵷雛？

「它是姑射山仙子的化身，抑或是發鳩山上的精衛？

「這究竟是什麼鳥？它的翅翼何以如此美麗又神奇？

「碧空間閃耀著乳白和銀白，翠嶺上變幻著鵝黃和橙黃，彤雲下化作赤紅，猶如燃燒的火焰，月光裡裊裊翩舞，宛若飄逸的紫帶……

「這究竟是什麼鳥？它那撲朔迷離的翅翼，使我迷離恍惚。」

伊人的目光追躡著遠飛而去的奇鳥，同樣也為之嘆為觀止且迷離撲朔。

十天後，有位神射手找來，問莊子：「先生想細觀那奇鳥的翅翼嗎？」

莊子不置可否，淡然一笑。

神射手虔敬地說：「我景仰先生已久，今天特地帶來奇鳥，獻給先生。」

言罷，他打開竹盒。裡面臥著一隻鳥，已經死

了，它的翅翼灰黯無光。

莊子懷疑：「這就是那隻鳥嗎？」

神射手指天起誓：天日昭昭，他射下的確是那隻奇鳥。

莊子黯然搖頭嘆息：

「這盒中物，怎麼會是那隻鳥呢？

「逍遙高翔著，它是它自己，它的翅翼才會奇麗變幻，令人撲朔迷離。

「一旦斃命於箭矢下，它跟死鼠、朽蒿、塵埃還有什麼分別？

「唉唉！神射手呀！你射殺了一隻鳥，你射殺的又何止是一隻鳥啊……」

莊子悲憫地看看鳥，看看天。

神射手握著弓，神情悵然若失。

智慧之泉

一隻飛翔的鳥只有在空中展示它那美麗的羽毛，高翔的動作才顯示出一隻鳥的特性。人也一樣，只有在人生路上前行，百折不回，一直走到勝利的巔峰，才顯示出他的可貴。

16 行人和斧頭

有兩個人在同一條路上走。其中一個撿到一把斧子，叫了起來：「瞧我發現的東西！」

「不要說『我』，」另一個人糾正他：「該說『我們』發現的。」

過了一會，那個丟失斧子的人追來了，指責拿著斧子的人偷了他的斧子。

「哎呀！」撿到斧子的人對他的夥伴說：「這下我們完了！」

「不要說『我們』，」另一個人回答：「該說『我』完了。」

智慧之泉

一個人不能與朋友分享所得，就不該指望別人分擔風險。有好處，自己獨享，有了麻煩，就推給他人，這是自私的表現，也是不道德的表現。

第二輯 飛翔才美麗

17 智慧的來源

一天，9隻野狗出去獵食，在一條路上遇到一頭獅子。獅子說它也在獵食，建議野狗同它合力尋找目標。野狗們答應了。到天黑，一共逮了10隻羚羊。

獅子說：「我們得去找個英明的人，請他為我們分配這頓美餐。」

一隻狗說：「那又何必呢？我們不是一共10隻嗎？逮到的羚羊也是10隻，一對一就很公平。」

獅子立即起身，舉起巨爪，向這隻冒失的野狗抓過去，把它打昏在地。其它野狗被嚇壞了。

一隻野狗鼓足勇氣，對獅子說：「不、不！我們的兄弟說錯了，那不是合理的分配。獅子您是世界的主宰，如果我們給您9隻羚羊，那您和羚羊加起來就是10隻；而我們9隻狗加上1隻羚羊，也是10隻。這樣，我們都是10隻。這才是最公平的分配方案。」

獅子滿意了，高視闊步，說道：「你還算聰明，不像你那個傻瓜兄弟！

這隻狗答道：「當您衝向我的兄弟，打昏它時，我就立刻增長了這點兒智慧，獅王陛下！」

智慧之泉

智慧出於危難，巧計生於臨危。

18 一生彼此相隨

　　星期天早上，當我走出教堂，一對白髮蒼蒼的老夫婦正沿著一條通向停車場的彎曲小徑緩緩而行。我打算超過他們，不料他們卻停下來觀賞路旁的鮮花。我試圖側身擠過去，卻因老婦人彎腰聞一朵紅玫瑰，完全擋住了我的去路。這時，她的老伴也湊了過去，饒有興趣地撫摸著嬌嫩的花瓣。和其他人一樣，我耐心地等待著。終於，老人挺直了腰板，轉向我說：「小傢伙，我們一生都這樣彼此相隨。」然後老夫婦倆互相攙扶著，又繼續走他們的路。這情景使我終生難忘。

智慧之泉

　　一生無他求，只願手拉著手相伴到老，這是人間多麼愜意和欣慰的事呀！那些為了某些利益爭吵一生的人，何不向這對老人學習呢？

第二輯　飛翔才美麗

079

第三輯
人生的滋味

01 紀念「災難」的豐碑

　　災難，是可怕可憎的惡魔，可在美國阿拉巴馬州的一個小鎮，人們竟為帶來災難的「殺手」豎起一座高高的紀念碑，上面寫的文字是——「深深感謝棉籽象鼻蟲在帶來繁榮方面所作的貢獻。」這是為什麼呢？那是1910年，一場史無前例的特大棉籽象鼻蟲災害，狂潮般席捲了美國的棉田。鑒於棉籽象鼻蟲害，農民們不敢再單一種棉花了，而廣為補種的是象鼻蟲危害不了的玉米、菸草、花生、甘蔗、果樹等多種農作物。結果，當年就獲得了意想不到的大豐收。緊接下去，再種更多品種的作物，再獲豐收……

　　幾年下來，經濟越來越繁榮。後來，農民們認定扭轉他們命運的救星就是棉籽象鼻蟲——正是當年的那場特大棉籽象鼻蟲災難，在某種意義上教訓了他們，使他們開發種植了多種農作物，保證了當地農業的連年大豐收和經濟持續大繁榮。

智慧之泉

中國有句老話叫「樹挪死，人挪活」，形象地說明了變化對於人們發展的重要意義。原本對於農民們來說無異於一場災難的蟲災，卻成了他們擺脫舊模式，擺脫因循守舊的品德觀念。從這個意義上來說，那裏的人們確實應該樹起一個紀念碑，感謝這場蟲害打破了他們的定勢思維，帶給他們改變，也帶給他們繁榮的經濟。

02 獅子和蚊子的三次決戰

　　獅子和蚊子第一次交手，獅子全然沒把蚊子放在眼裏，結果被蚊子叮得滿臉是包，失利。獅子大怒，提出第二次交戰，蚊子應允。這一次獅子邊跑邊舞動樹枝，蚊子不敢近身，平局。蚊子不服，冥思苦索良久，提出第三次交戰，條件是雙方在一間封閉的屋子內徒手格鬥。獅子想了想答應了。蚊子竊喜，心想獅子無處逃逸，此役必勝無疑。

　　決戰開始，蚊子志在必得，撲到獅子臉上就叮。呀！獅子毫髮未損，蚊子卻難以抽身。原來獅子事先在臉上糊了一層厚厚的泥漿。蚊子太過自信，結果自投羅網。——成敗、強弱本無定式，至則反，盛則衰，此天道之數。

智慧之泉

獅子與蚊子，似乎根本就不是一個級別上的對手，但是卻均取得了各自的勝利，可見成敗並不完全取決於雙方的強弱，與我們能否靈活善變，出其不意也有著重要的關係。而從故事的最後看來，與其說蚊子是敗於獅子的強大上，倒不如說它命喪於獅子的變化多端中。擁有變化，打破固定思維，才能使弱者變強，強者更強。

樹根與樹梢

　　樹根是我們的起點，最高的那根樹梢是我們成功的最高點，我們從樹根到樹梢有多個枝杈，就有多少次犯錯誤的機會。

　　所以，我們會面臨很多的選擇。選擇，可能要付出一定代價，但是不選擇，可能要付出更大的代價。選擇了，你總算還有機會：不選擇，連機會都沒有了。如果我們從樹梢出發，再到樹根，我們的成本就不會那麼高。

智慧之泉

因為，當我們選擇了一個制高點，就能看到樹根，就能看到自己需要什麼。目標清晰，就不會被一些樹枝搞得眼花撩亂，這種事業觀、價值觀的取向，決定了一個人的成長。

○4 如何應對應聘時的拒絕

一位剛畢業的女大學生到一家公司應聘財務會計工作，面試時即遭到拒絕，因為她太年輕，公司需要的是有豐富工作經驗的資深會計人員。女大學生卻沒有氣餒，一再堅持。她對主考官說：「請再給我一次機會，讓我參加完筆試。」主考官拗不過她，答應了她的請求。結果，她通過了筆試，由人事經理親自復試。

人事經理對這位女大學生頗有好感，因她的筆試成績最好。不過，女孩的話讓經理有些失望，她說自己沒工作過，唯一的經驗是在學校掌管過學生會財務。他們不願找一個沒有工作經驗的人做財務會計。人事經理只好敷衍道：「今天就到這裏，如有消息我會打電話通知妳。」

女孩從座位上站起來，向人事經理點點頭，從口袋裏掏出一美元雙手遞給人事經理：「不管是否錄取，請都給我打個電話。」人事經理從未見過這種情況，竟一下子呆住了。不過他很快回過神來，問：「你怎麼知道我不給沒有錄用的人打電話？」

「您剛才說有消息就打，那言下之意，就是沒錄取就不打電話告知了。」

人事經理對這個年輕女孩產生了濃厚的興趣，問：「如果妳沒被錄用，而在我打電話來時，妳是想

085

知道些什麼呢？」

「請告訴我，在什麼地方不能達到你們的要求，我在哪方面不夠好，我好改進。」

「那一美元……」沒等經理說完，女孩微笑著解釋道：「給沒有被錄用的人打電話不屬於公司的正常開支，所以由我付電話費，請你一定要打。」

人事經理馬上微笑著說：「請妳把一美元收回。我不會打電話了，我現在就正式通知妳，妳被錄用了。」就這樣，女孩用一美元敲開了機遇大門。

細想起來，其實道理很清楚：一開始便被拒絕，女孩仍要求參加筆試，說明她有堅毅的品格，財務是十分繁雜的工作，沒有足夠的耐心和毅力是不可能做好的。她能坦言自己沒有工作經驗，顯示了一種誠信，這對搞財務工作尤為重要。即使不被錄取，也希望能得到別人的評價，說明她有直面不足的勇氣和敢於承擔責任的上進心。員工不可能把每項工作都做得十分完美，我們可以接受失誤，卻不能接受員工自滿不前。女孩自掏電話費，說明了思維的靈活性，她巧妙地展示了自己公私分明的良好品德，這更是財務工作不可或缺的。

智慧之泉

拒絕，在我們眼裏似乎就意味著失敗，意味著是該放棄的時候了。但拒絕並不是這麼簡單能下定義的，因為它有我們常常忽略了的另一面，那就是敢以對拒絕理由的探究，還有在這個過程中，我們獲得的那些能改善並創造自己條件以達到成功的機會。

05 人無可比性

　　樹上每一片葉子都是相似的，每一片葉子又都是不相同的。芸芸眾生也是各有特色，各有所長。

　　沒有一個人是為了和別人相同而出生。人各有天賦，各有使命。可在現實生活中，總有人拿自己與別人比較，比薪水的多少，比待遇的高低，甚至比房子的大小，比兒女的異同。這種看似有三六九等的比較，最易使人用別人的模式來框定自己的人生，讓本來鮮活而獨特的生命失去自己應有的張力。

智慧之泉

作為人，最有智慧的處世方式是珍愛自己的風格，守住自己的精神園地，保持自己的個性尊嚴，使自己成為一個最好的自己，能夠更好地生活在這個世界上。

06 寬容是化解仇恨的最佳武器

　　林肯曾用他的寬容在歷史上寫下了永垂不朽的一頁：當林肯參選總統時，他的強敵斯坦頓因為某些原因而憎恨他；斯坦頓想盡辦法在公眾面前侮辱他，又毫不保留地攻擊他的外表，在好多場合讓他下不了臺。儘管如此，林肯當選為美國總統後，補充內閣大臣時，其中一位最重要的參謀總長，他不選別人，卻選了斯坦頓。

　　此消息傳出時，街頭巷尾議論紛紛。有人跟他說：「恐怕你選錯人了吧，你不知道他從前是如何誹謗你的嗎？他一定會扯你的後腿，你要三思而後行啊！」林肯不為所動地回答他們：「我認識斯坦頓，我也知道他從前對我的批評，但為了國家前途，我認為他最適合這個職務。」

　　當林肯被暗殺後，許多人都在頌讚這位偉人，然而，所有頌讚的話語中，要算斯坦頓的話最有分量了。他說：「林肯是世人中最值得敬佩的一位，他的名字將流傳千古。」

智慧之泉

寬容是化解仇恨的最佳武器，它能融化世上最冷酷的心，能包容一切過錯；寬容是上帝賜給人類最珍貴的禮物，使人不再受到怨恨的擁綁，真正享受到心靈的自由。

07 跳出「固有的思維模式」

某公司招聘職員時有一道這樣的考題：

一個風雨交加的夜晚，你開車經過一個車站，看見三個人都十分焦急地等待公共汽車的到來：一個是病危的老婦，一個是曾經救過你命的醫生，一個是你的夢中情人，而你的汽車只容得下一位乘客，你選擇誰呢？

每種選擇都有他的道理：選擇老婦，是因為她生命垂危，救人一命勝造七級浮屠；選擇醫生，是因為這是你報答救命恩人的最好機會；選擇夢中情人，是因為如果錯過這個機會也許自己會後悔一輩子。

在幾百個候選人中，獲聘那位答案是：「我讓醫生開車送老婦去醫院；自己留下來陪我心愛的人一起等公共汽車。」

智慧之泉

我們常常會被固有的思維模式所限制，如果能打破這種思維模式，便可一舉多得，像上述故事中的獲聘者一樣，何樂而不為？

08 木牌上的標語

法國著名的歌唱家瑪‧迪梅普萊有一個風景優美的私人林園。

一到週末，就會有人到她的林園裏玩，有的甚至搭起帳棚，在草地上野營，弄得林園一片狼藉。

管家讓人在林園周圍的籬笆上，豎立起一塊「私人林園禁止入內」的木牌，但無濟於事，林園仍不斷被遭踐踏、破壞。管家只得請示主人。

迪梅普萊聽完管家的彙報後，讓他做一些大牌子立在各個路口，上面清楚地寫著──

林中常有毒蛇出沒，最近的醫院距此15公里，駕車要半小時才能到達。

大牌子一立之後，再也沒有人闖入她的林園。

智慧之泉

豎兩塊牌子的目的都是阻止別人進入林園，但收到的結果卻大不一樣。就像成功和失敗一樣，有時也只需要一個觀念的轉換。

09 要有專業特長

　　孔子跟師襄子學彈一首樂曲，一連十天都不學習新內容。十天後，師襄子對他說：「你現在可以學新內容了。」孔子回答：「我雖然能彈這支曲子了，但我還沒有掌握它的技巧，還要繼續練習。」

　　過了一段時間，師襄子對他說：「你已經掌握它的技巧了，可以學新的內容了。」孔子回答說：「我還沒領悟出它的主旨呢！」

　　又過了一段時間，師襄子對他說：「樂曲的主旨現在你也領悟了，可以學新的內容了吧？」孔子回答說：「我還體會不到作曲者的境界呢！」

　　再過了一段時間，孔子在一次彈奏中受到樂曲的感染，時而進入深沈的境界，時而感到心曠神怡，胸襟開闊。於是說道：「我體會到作曲者的境界了。他膚色黝黑，身材魁梧，眼光明亮而高瞻遠矚，有統治天下的帝王氣魄！」師襄子聽了，立即從座位上站了起來，向孔子敬禮道：「我的恩師曾告訴我這正是文王譜寫的《文王操》啊！」

091

智慧之泉

不論何時，都不要放棄自己的專業特長，這是一個人成功的資本。在有精力的前提下再涉足其他領域，是可以的，但絕不可棄本，跟上時代的潮流指的是成為你專業領域裏的佼佼者。

10 被人左右的不幸

一個封閉的小鎮有兩個電臺：第一電臺專門播放名人消息、熱門歌曲排行榜，因而它的聽眾很多；第二電臺是氣象電臺，它的聽眾很少。

一天晚上，氣象電臺發出緊急通告：一場威力驚人的「龍捲風」將在午夜襲擊本鎮，電臺呼籲鎮民立即疏散轉移。這小部分聽眾立刻組織起來去找鎮長，讓他打電話給第一電臺，播出龍捲風欲來的消息，以保全身家性命。鎮長說：「本鎮從未出現過龍捲風，這則消息是不是氣象電臺為提高收聽率，誤報或捏造的。」而第一電臺則以正在訪問名人為由，不插播這一條攸關「生死存亡」的消息。

午夜過後，小鎮被夷為平地，從地球上消失了。

智慧之泉

我們常常會被別人的思維所左右，或者按自己偏激的思維定勢去決策，這種懶惰和剛愎自用的行為往往會給別人和自己帶來不幸。

11 有些鎖不用拿鑰匙開

老富翁的兩個兒子都大了，但讓誰繼承家業的事叫他犯愁。最後他想出了一個考驗兩個兒子的辦法。

富翁把宅門鎖上，讓兩個兒子到百里外的城市裏去，然後給他們一人一串鑰匙、一匹快馬，並告訴他們誰先回到家，先打開宅門誰就是家業的繼承人。

馬跑得很快，因此兄弟兩個幾乎同時到家。但面對緊鎖的大門，兩個人都犯了愁。

哥哥左試右試，無法從一大串鑰匙中找到開宅門鎖的那把；而弟弟因為剛才只顧著趕路，結果弄丟了鑰匙。

兩個人都急得滿頭大汗。突然，弟弟靈機一動，想出了辦法，他找來一塊大石頭，幾下砸開了鎖，先進了家。

最後，自然繼承權就歸弟弟所有了。

智慧之泉

人生中有些鎖是沒有鑰匙的，成功的關鍵時刻最需要的有時不是一把鑰匙，而是一塊有創新精神的石頭。

12 不要犯同樣的錯誤

　　一個醉漢跌跌撞撞地找不著回家的路。他醉得朝一條彎彎曲曲的路走去，只聽見「咚」地一聲，他撞上了一個硬東西，兩眼直冒金星。

　　他後退了兩步，抬頭一看，原來是撞上了一塊路標，路標上寫著「此路不通」。

　　醉漢定了定神，糊裏糊塗走了一會兒，又來到了這塊路標前，不小心又撞痛了頭。

　　他後退了兩步，抬頭一看，原來又是一塊寫著「此路不通」的路標。如此反覆了幾次，醉漢絕望的想，為什麼我走的路總是不通的呢？

智慧之泉

世界上有很多像醉漢這樣的人，他們四處碰壁，總認為自己無路可走了。卻不知自己只是在犯同樣的錯誤，在同一條路上來回繞彎，如果他們換一條路，或許一切就不同了。

13 世事如棋

　　李四為人極好，能力也強，卻總是官途不順。他自己也納悶：「有人跟領導搞不好關係所以才不被提拔，我跟領導關係倒是不錯，怎麼也不起作用呢？」

　　星期日，他正煩著，見兒子和同學下跳棋，就湊過去解悶兒。兒子總是輸，於是他幫兒子出主意：「你不會給自己多搭幾座橋嗎？」

　　搭橋是下跳棋的一種捷徑，每搭一座橋，就可以連跳好幾步，事半功倍，李四就勢教導兒子：「生活就跟下棋一個道理，學會給自己多搭幾座橋，多尋求一些幫助和捷徑，路才好走。」

　　兒子的同學笑而不語，移動兩個棋子兒，就把兒子剛設好的棋路給堵死了。於是，棋局又一次急轉直下，兒子又輸了。

　　兒子的同學得意地說：「看到了吧！這就叫拆橋！橋搭得再好，碰上一個拆橋的，你就輸定了。所以，要贏棋不但要搭橋，還要防著別人拆橋，關鍵時刻還要學會拆對方的橋，這才能走得快呀！」

智慧之泉

世事如棋。搭自己的橋，還要防著別人拆自己的橋，這是生活的哲學，運用時請注意場合。

14 最偉大的推銷員

　　喬‧吉拉德在15年中賣出13001輛汽車，創下一年賣出1452輛（平均每天4輛）的成績而被收入《金氏紀錄》並被譽為世界上最偉大的推銷員。

　　一天，一位中年婦女走進他的展銷室，閒談中，她告訴喬她想買一輛白色的福特車，而對面福特車行的推銷員讓她一小時後再去，所以她就先來這兒看看。她說這是送給自己的生日禮物：「今天是我55歲生日。」

　　「生日快樂！夫人。」喬一邊說，一邊請她進來看看，然後對她說：「夫人，既然您喜歡白色車，我給您介紹一下我們的白色雙門轎車。」

　　正說著，女祕書拿了一打玫瑰花進來。喬把花送給那位婦女並對她說：「祝您長壽，尊敬的夫人。」

　　「已經很久沒有人給我送禮物了。」她感動地說。最後，她在喬這兒買了一輛雪佛蘭，她因為在這裏受到了尊重，放棄原來的打算，選擇了喬的產品。

智慧之泉

一個成功的銷售人員一定是能滿足顧客各種需求的，能設身處地站在顧客的立場上考慮問題；一個偉大的推銷員更是能從情感上征服顧客。故事中的方法是每個從事推銷的人需要學習的。

第四輯
人際關係與交友

01 馮玉祥趣事

馮玉祥的友人為他發了一則徵婚廣告，美麗的姑娘紛至沓來。馮玉祥決定用考試的方式當面選擇，他總是問：「妳們為什麼要和我結婚？」

姑娘們的回答多落俗套，只有一位小學女教師語出驚人：「上天怕你在人間做壞事，因此特意讓我來監督你。」

馮玉祥聽後很滿意，便和她締結良緣。馮玉祥的這種擇偶標準值得有意於仕途的男人借鑒。因為有許多成功人士的夫人不是去監督丈夫不做壞事，而是惟恐丈夫壞事做得不夠。

智慧之泉

這位小學女教師的勝出，一方面是因為她展示了足夠的機巧和智慧，另一方面是她能避開馮玉祥身上的種種光環，而僅僅將他視作一個尋求愛情婚姻的男人，而正是這兩點，使得她能平等自信地表達出自己的幽默，也贏得了一場愛情戰爭的勝利。

○2 愛情與麵包

20世紀50年代末，在上海一所大學校園，一對男女學生相愛了。

那時校園裏絕對禁止談戀愛，校方對他們一再勸阻、警告，兩個年輕人卻始終如膠似漆。校方只有使出最後一招，畢業時將男的分配到大西北，女的留在上海，實際上是將兩人拆散。女的不肯獨自留在上海，死活要跟男的一道奔赴那天蒼蒼野茫茫的地方。

兩人在蒙古包裏落下戶，卿卿我我，苦日子卻過得很甜。然而三年自然災害，一個饑餓的時代到來了。這天是中秋節，社裏給每戶分了一塊月餅。男社員先收工把月餅領回來。

薄暮降臨，女的還沒回來。男的實在忍不住，把月餅對半切了，先吃了自己那部分。不吃則已，一吃更饞。他想她要是在，肯定會省下她的那一半給他吃，那麼，實際上這半塊月餅的二分之一將屬於他。

於是他把半邊月餅切開，把他認為她肯定會省給他吃的那一半吃了。女的還沒回來，剩下的四分之一月餅，男的看著看著，怎麼也忍不住，他甚至想不起自己是怎樣向它伸出魔爪，一下把它吞噬掉了。

這時，女的回來了。她興高采烈地說：「聽說分了一塊月餅呀！」男的愣愣地無言以對，片刻，支吾道：「我……太餓，所以我吃掉了。」

女的半天沒吭聲，後來忽然怒吼道：「我想不到你這樣，我犧牲一切跟你來大西北，你呢？連半塊月餅都不給我留下。我算看透你啦！」

　　女的就這樣收拾了衣物，回到了上海。

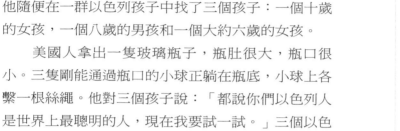

０３ 深情

不久以前，一位美國人在以色列做了一個實驗。他隨便在一群以色列孩子中找了三個孩子：一個十歲的女孩，一個八歲的男孩和一個大約六歲的女孩。

美國人拿出一隻玻璃瓶子，瓶肚很大，瓶口很小。三隻剛能通過瓶口的小球正躺在瓶底，小球上各繫一根絲繩。他對三個孩子說：「都說你們以色列人是世界上最聰明的人，現在我要試一試。」三個以色列孩子露出緊張惶恐的神色。

他宣布遊戲規則：「這三個小球分別代表你們三個人。這個瓶子代表一口乾井。你們正在井裏玩。突然，乾井冒出水來，水漲得很快，你們必須趕快逃命。記住，我數七下，也就是七秒鐘，如果你們有誰在我數完七下還沒有逃出來，那麼誰就會被淹死在井水裏了。」

美國人做出一個表示開始的手勢。只見那大約六歲的女孩很快從瓶裡拉出了自己的球；接下來是那個八歲的男孩，他先是看了一眼比自己大的女孩，接著迅速地將自己的球拉出瓶口；最後是那個十歲的女孩，從容又迅捷。

全部時間不到五秒。美國人驚呆了。他先問那個小男孩：「你為什麼不搶先逃命？」

小男孩擺出一副很勇敢的樣子，手指著那個最小

的女孩說：「她最小，我應當讓她呀！」

　　他又問那個十歲的女孩，女孩說：「三個人中我最大，我是姊姊，應該最後離開。」美國人又問：「那妳就不怕自己被淹死？」

　　女孩答道：「淹死我，也不能淹死弟弟妹妹。」

　　美國人的眼睛濕潤了。他說他在許多國家試過這種遊戲，幾乎沒有一個國家的孩子能夠這樣完成它，他們爭先恐後，互不相讓⋯⋯

智慧之泉

一個擁有這種禮讓精神文化的民族不能不說是個優秀的民族；一個民族的發展與崛起並不僅僅在於它能出多少偉人，而在於一個民族本身的精神底蘊，在這種禮讓背後的一種尊重──對生命，對信仰，對價值⋯⋯這本已深深流入他們的血液，融入他們的骨髓，所以才能那麼理所當然。對於我們的民族，我們的個人也都一樣，我們並不一定要有這樣的追求，但我們必須有一份屬於自己的理所當然。

04 有黑點的白紙

　　有一位婚後不久的女子，她回到娘家總愛在父母面前訴說丈夫的不是。父親聽了不以為然，他拿出一張白紙在上面畫了一個點，然後他拿著紙問女兒：「妳看上面是什麼？」女兒不假思索地說：「黑點。」父親再問，女兒又說：「是黑點啊。」父親說道：「難道除了黑點，妳就看不到這一大塊白紙嗎？」女兒聽了若有所思。從此以後，她不再在爹娘面前數落自己的丈夫，兩口子的感情也比以前好多了。

　　其實，人無完人，金無足赤，人非聖賢，孰能無過？明白了這一點，我們不妨改變一下自己的認識，事物都有正反兩方面。如果你只注意黑點，那麼你眼中的就是一個黑色的世界。如果你注意的是白紙，你就有一個潔白、寧靜的心境。很多人無法走出這個惡性循環，他只注意到事物的某一方面，而把另一方面忽視了。冷靜地想一想，其實自己的丈夫、妻子除了一些缺點以外，還有很多很多優點呢！

智慧之泉

婚姻就是如此，你對對方期望越高就越容易發現對方的缺點。並且一葉障目，不見泰山，由一點瑕疵否定了一個人，因小而失大，不是大丈夫。

05 幸福之家的法寶

　　小瑜是一家大報的記者，事業心較強，經常要外出採訪，回到家中又忙於家務，和丈夫交流減少了。

　　一天，小瑜沒出差，一家人一起度週末，兒子忽然問：「媽媽，怎麼妳在家裏，林阿姨就不來玩了？」

　　「林阿姨是誰？」小瑜問丈夫。「是我們單位剛來的大學生。」丈夫有點臉紅。

　　小瑜沒有再追問，只是哄兒子說：「下次我們請林阿姨來玩，好嗎？」

　　小瑜想想自己對丈夫如此信賴，可他竟……思前想後，心裏很是難受。真想和丈夫大吵一頓，或者乾脆離婚算了。

　　但過了一會，小瑜情緒冷靜多了，認識到自己經常在外，對兒子和丈夫照顧很不夠。何況自己並不能肯定丈夫和林小姐的關係。如果不分青紅皂白地和丈夫鬧倒顯得自己沒度量了。

　　晚飯，她特意沒讓保姆做，自己麻利地弄了幾個丈夫最愛吃的菜。

　　晚上，她把孩子哄睡了之後，偎著丈夫靠在床上，輕輕地說：「我經常外出採訪，讓你一個人在家帶孩子，實在太難為你了。我不在時你肯定很寂寞，就像我孤零零一個人睡在旅館裏一樣。現在我靠著你才覺得好踏實，沒有你的支援，我的工作一天也做不

好。」丈夫一聲不吭，憐愛地撫摸著小瑜的頭。

小瑜輕聲問：「我們週末請她一起來吃晚飯好嗎？」週末，林小姐來了，小瑜又一次親自下廚。並熱情地款待她。

臨走時，小瑜把林小姐送下樓拉著她的手說：「謝謝你常來帶我們寶寶玩，也幫著照顧小周。妳這樣溫柔可愛，不知道哪個小夥子有福氣娶到妳。好了，不遠送妳啦，有空歡迎妳常來玩。」一席話讓林小姐又是感激又是慚愧。

後來，林小姐找了個帥氣的男友，並且與小瑜夫婦都成了好朋友。

智慧之泉

小瑜的溫柔使原本危機的夫妻關係恢復了融洽，並且還多了個朋友，真是一舉兩得。女人的溫柔是讓家庭和諧的法寶，也是巧解難為之事的最好武器。

06 華盛頓與佩恩

1754年，在維吉尼亞州議員的選舉中，時任上校軍官的華盛頓因為和威廉‧佩恩支援的候選人不同而產生了矛盾。

有一天，他們兩人碰面後即展開唇槍舌劍，情急之中，華盛頓說了一些過頭話冒犯了佩恩。佩恩覺得自己受了侮辱，頓時火冒三丈，一拳將華盛頓擊倒在地。就在華盛頓的部下圍上來要教訓佩恩時，華盛頓忽然清醒過來，勸阻部下一起返回了營地。

第二天，華盛頓派部下給佩恩送去一張便條，約他到一家酒館見面，解決昨天的事情。佩恩看了便條大吃一驚，以為華盛頓要和他進行生死決鬥，但為了怕留下膽小鬼的名聲，便在做好了決鬥準備後，按時去酒館赴約。

佩恩趕到酒館時，一見華盛頓就傻眼了。華盛頓沒帶一兵一卒，也沒帶決鬥的長劍或手槍，而是一副紳士裝扮，見佩恩進來便迎上前去握手，並真誠地說：「佩恩先生，人不是上帝，不可能不犯錯。昨天的事是我對不起你，不該說那些傷害你的話。不過，你已經採取了挽回自己面子的行動，也可以說是我已為我的錯誤受到了懲罰。如果你認為可以的話，我們把昨天的不愉快統統忘掉，在此碰杯握手，做個朋友好嗎？我相信你不會反對的。」

佩恩聽了萬分感動，他緊緊握著華盛頓的手，熱淚盈眶地說：「華盛頓先生，你是個高尚的人。如果你成了偉人，我將是你永久的追隨者和崇拜者。」

　　一對完全有可能成為仇敵的人做了朋友。同時，佩恩也說對了，後來華盛頓果然成了美國人民世代崇敬的偉人，佩恩也至死都跟隨著華盛頓。

智慧之泉

最成功的交友是化敵為友，最要命的交友是化友為敵。化敵為友，不但交了新朋友，又少了舊敵人；化友為敵，不但失了老朋友，且樹立了新敵手。華盛頓便是靠著自己的大度和寬容，在輕而易舉的為自己減少了一位敵人的同時，又贏得了一個可貴的朋友，也為自己將來事業打下了堅實的人際基礎。

認真做事，輕鬆做人

有一個盲人，晚上出門時總提著一個明亮的燈籠。別人看到了，很是奇怪，就問他：「你又看不見，為什麼還要提著燈籠走路？」

那個盲人認真地回答說：「這個道理很簡單，我提燈籠當然不是為自己照亮道路，而是為了給別人照亮，讓他們能夠看見我，這樣既幫助了別人，又保護了自己。」

一位司機聽到這個故事後，也講了自己的一次經歷。他說：「以前我開車經過隧道，總是不喜歡開車燈。隧道不長，裏邊光線還不差，認為實在沒有必要開開關關。不料有一天被迎面開來的大卡車撞了個正著，險些命喪黃泉。後來我才覺悟到，開車燈是給對方看的，因為經過隧道時，對方是從亮處進入暗處，視覺難免調整不過來，如果對面的來車也不開燈，那就實在太危險了。」

智慧之泉

以責人之心責己，便可減少許多過失；以恕己之心恕人，則能獲得真正的友誼和快樂。

08 真誠做人

　　楚人帶著一隻山雞趕路。他騙同他一起趕路的人說他帶著的是一隻鳳凰。路人沒有見過真正的鳳凰。因此一心想買下這隻鳳凰敬獻給楚王。沒想到出高價買下的「鳳凰」不到一天就死了。路人哭得非常傷心，因為把鳳凰獻給楚王的心願沒有實現。

　　這件事傳到了楚王的耳朵裏。楚王很感動，他賞給了路人不計其數的金銀財寶。

智慧之泉

在人際交往中，真誠永遠排在第一位，也就是說你對朋友發自內心的關心遠比給他物質上的幫助更能打動他，當你碰上困難時，第一個站起來幫你的人肯定就是他。

第四輯　人際關係與交友

真誠熱情，堅固友誼的「鋼筋混凝土」

09 人生只有一個半朋友

有一個仗義廣交天下豪傑的武士，臨終前對他的兒子說：「別看我自小在江湖闖蕩，結交的人如過江之鯽，其實我這一生就交了一個半朋友。」

兒子納悶不已。他的父親就貼近他的耳朵交代一番，然後對他說：「你按我說的去見我的這一個半朋友，朋友的要義你自然會懂得。」

兒子先去了父親認定的「一個朋友」那裏。對他說：「我是某某的兒子，現在正被朝廷追殺，情急之下投身你處，希望予以搭救！」

這人一聽，容不得思索，趕忙叫來自己的兒子，喝令兒子速速將衣服換下，穿在這個並不相識的「朝廷要犯」身上，而讓自己的兒子穿上「朝廷要犯」的衣服。

兒子明白了：在你生死攸關的時候，那個能與你肝膽相照，甚至不惜割捨自己的親生骨肉來搭救你的人，可以稱做是你的一個朋友。

兒子又去了他父親說的「半個朋友」那裏，抱拳相求，把同樣的話說了一遍。

這「半個朋友」聽了，對眼前這個求救的「朝廷要犯」說：「孩子，這等大事我可救不了你，我這裏給你足夠的盤纏，你遠走高飛快快逃命，我保證不會告發你……」

兒子明白了：在你患難時刻，那個能夠明哲保身，但不落井下石加害你的人，那可稱做是你的半個朋友。

人生只有一個半朋友。你可以廣交朋友用心善待朋友，但絕不可苛求朋友給你同樣的回報。你待他人好和他人待你好是兩碼事——遇到像你一樣善待你的人是你的福氣，如果朋友讓你失望了這也很平常。

10 愛撒謊的貓頭鷹

大貓在樹林中碰到一隻貓頭鷹。貓頭鷹問它：「親愛的大貓先生，你要到哪兒去啊？」

「我去林中捕鳥。」大貓答道。

「請你千萬不要傷害我的孩子！」「你的孩子長什麼樣？得讓我知道。」「我的孩子呀，長得非常漂亮。」

「知道啦！」大貓邊說邊走。它從一個矮樹叢竄到另一個樹叢，看到的都是些漂亮的小鳥。直到第三處灌木叢裏，它才看到一群長得很難看的小鳥。大貓把它們統統都吃掉了。

大貓吃飽後，在回家的路上，它又碰到那隻貓頭鷹。「你沒傷害我的孩子吧？」

「沒有！我只吃了那些長得最醜的小鳥，而放過那些漂亮的孩子。」貓頭鷹回到家裏只見到一個空空的鳥巢。

智慧之泉

物質的貧窮和容貌的醜陋並不可怕，可怕的是不能面對它。要想獲得別人的幫助你就必須說出事情的真相，撒謊的人只會自食惡果。

11 患難朋友才是真朋友

「患難朋友才是真朋友」，這話相信大家都不陌生。晉代有一個人叫荀巨伯，有一次去探望朋友，正逢朋友臥病在床，這時恰好敵軍攻破城池，燒殺擄掠，百姓紛紛攜妻挈子，四散逃難。

朋友勸荀巨伯道：「我病得很重，走不動，活不了幾天了，你自己趕快逃命去吧！」

荀巨伯卻不肯走，他說：「你把我看成什麼人，我遠道而來，就是為了來看你。現在，敵軍進城，你又病著，我怎麼能扔下你不管呢？」

說著便轉身給朋友熬藥去。

朋友百般苦求，叫他快走，荀巨伯卻端藥倒水安慰說：「你就安心養病吧，不要管我，天塌下來我替你頂著！」

正在這個時候「砰」的一聲，門被踢開了，幾個兇神惡煞般的士兵衝進來，對著他喝道：「你是什麼人？如此大膽，全城人都跑光了，你為什麼不跑？」

荀巨伯指著躺在床上的朋友說：「我的朋友病得很重，我不能丟下他獨自逃命。」並正氣凜然地說：「請你們別驚嚇了我的朋友，有事找我好了。即使要我替朋友去死，我也絕不皺眉頭！」

敵軍聽著荀巨伯的慷慨言詞，看看荀巨伯毫無畏懼的表情，「想不到這裏的人如此高尚，夠朋友！」

113

人的一生不可能一帆風順，難免會碰到失利受挫或面臨困境的情況，這時候最需要的就是別人的幫助，這種雪中送炭的幫助會讓他人記憶一生、感激一生，一有機會就會報答你。只有那些在患難時伸出援助之手，在你得意時指出你缺點的朋友才值得深交。

12 誠實勝過花言巧語

　　愛因斯坦經常拒絕作家的採訪或讓畫家為他畫像，但有一次，他改變了自己的態度。

　　一天，一位畫家請求為他畫像。愛因斯坦照例回絕道：「不，不，我沒有時間。」

　　「但是，我非常需要這幅畫所得的錢啊！」畫家懇切地說。

　　愛因斯坦看了看這個人，馬上改變了態度：「我當然可以坐下來讓您畫像。」

智慧之泉

愛因斯坦的同情心使他的人格更加偉大，而畫家因坦率地直陳困難，而獲得成功，誠實往往比花言巧語更能打動人心。

13 幸福的祕訣

一位參加卡耐基公共關係訓練班的學員，把寬容的原理帶到自己的家裏，使夫妻關係十分融洽。

一次，妻子請他說出自己的6個缺點，以便自己能成為更好的妻子。這位學員想了想對他說：「我明天早晨再告訴妳。」

第二天清早，學員便來到鮮花店，請花店給妻子送6朵玫瑰，並附上一個紙條──「我實在想不出妳需要改變的缺點，我就愛妳現在這個樣子。」

晚上當這位學員回家時，妻子站在門口迎接他，她感動得幾乎要流淚。從此，他認識到寬容和讚賞的魅力。

智慧之泉

寬容、尊重、讚美是美滿婚姻和幸福生活的祕訣。忽視愛人的缺點和不完美，找出他的可愛之處加以讚美，這就能讓夫妻關係更加融洽，家庭更幸福、美滿。

14 交友的最高境界

　　在春秋時代，鮑叔牙和管仲二人是好朋友，二人相知也很深。

　　他們兩個人曾經合夥做生意，一樣地出資出力，分利的時候，管仲總要多拿一些。別人都為鮑叔牙鳴不平，鮑叔牙卻說：「管仲不是貪財，只因他家裏窮呀！」

　　管仲幾次幫鮑叔牙辦事都沒辦成，三次做官都被撤了職，別人都說他沒有才幹，又是鮑叔牙出來替管仲說話：「這絕不是管仲沒有才幹，只是他沒有碰上施展才能的機會而已。」

　　管仲曾三次去當兵參加戰爭而三次逃跑，人們譏笑地說他貪生怕死。鮑叔牙再次直言：「管仲不是貪生怕死之輩，他家裏有老母親需要奉養啊！」

　　後來，鮑叔牙當了齊國公子小白的謀士，管仲卻為齊國的公子糾效力。兩位公子在回國繼承王位的爭奪戰中，管仲曾驅車攔截小白，引弓射箭，正中小白的腰帶，小白彎腰裝死，騙過管仲，日夜驅車搶先趕回國內，繼承了王位，史稱齊桓公。

　　公子糾失敗被殺，管仲也成了階下囚。

　　齊桓公登位後，要拜鮑叔牙為相，並欲殺管仲報一箭之仇。鮑叔牙堅辭相國之位，並指出管仲之才遠勝於己，於是，齊桓公聽了鮑叔牙建議，不計前嫌，

117

拜管仲為相。果然如鮑叔牙所言，管仲的才華逐漸施展出來，終於幫助齊桓公成為春秋五霸之一。

智慧之泉

千百年來，「管鮑之交」一直被譽為交友的最高境界，所謂春秋霸業早已是過眼雲煙，但鮑叔牙寬廣無私的胸懷，對朋友的瞭解和信任卻永久地流傳下來，為世人稱道。

15 仁義胡同的來歷

　　古時某人在朝為官，一日忽然接到老家書信。拆開一看，方知家中與鄰人發生爭執，起因是隔開兩家院子的牆塌了，重新砌牆時都為多占些地皮而寸土必爭。家人捎書來請他出面說話，讓鄰人退縮。

　　不久，官員的家人收到了盼望已久的回信，裏邊卻只有一首打油詩：千里捎書為打牆，讓他三尺又何妨。萬里長城今猶在，不見當年秦始皇。

　　家人明白了其中的道理，主動往後退讓三尺，鄰人看此情景，也往後退讓三尺，於是中間出現了一條六尺寬的胡同，可供村民行走。村人於是將胡同命名為「仁義胡同」。

智慧之泉

在大是大非中，一定要堅持原則，據理力爭。在一些小事上斤斤計較只能是損人而不利己。其實除去一些精神品德可以傳之後世外，又還有哪些東西經受得住時間的考驗呢？

16 用自己的親身經歷安慰別人

老婦惟一的兒子死了，她非常悲傷，便請教大師：「你有方法使我的兒子復活嗎？」

大師說：「我有，但妳要先去找一杯水給我。這杯水必須來自一個沒有痛苦的家庭。找到這杯水我就能救活妳的孩子。」

老婦人聽了十分高興，馬上動身去尋找這杯水。她發現無論鄉村還是城市，每個家庭都有他自己的痛苦，老婦人聽著每家不同的痛楚。不時的安慰著別人，不知不覺忘了找水的事。在她熱心付出的同時，喪子之痛也慢慢消失了。

智慧之泉

人人都可能遇到不幸，用自己的親身經歷安慰別人，就可以在幫助別人走出不幸的過程中自己也走出了不幸，並可能得到被幫助的人們深切的祝福。

17 愛能化解仇恨

一天，國王把3個兒子叫到跟前說：「我老了，決定把王位傳給你們3兄弟中的一個，但你們3個都要到外面去遊歷一年。一年後回來告訴我，你們在這一年內所做過的最高尚的一件事。只有那個真正做過高尚事情的人，才能有資格繼承我的王位。」

一年後，3個兒子回到了國王跟前，告訴國王自己這一年來在外面的收穫。

大兒子說：「我在遊歷期間，曾經遇到一個陌生人，他十分信任我，託我把他的一袋金幣交給他住在另一鎮上的兒子，當我遊歷到那個鎮上時，我把金幣原封不動地交給了他的兒子。」

國王說：「你做得很對，誠實是你做人應有的品德，但不能稱得上是高尚的事情。」

二兒子接著說：「我旅行到一個村莊，剛好碰上一夥強盜打劫，我衝上去幫村民們趕走了強盜，保護了他們的財產安全。」

國王說：「你做得很好，但救人是你的責任，還稱不上是高尚的事情。」

三兒子遲疑地說：「我從前有一個仇人，他千方百計地想陷害我，有好幾次，我差點就死在他手上。在這次旅行中，有一個夜晚，我獨自騎馬走在懸崖邊，發現我的仇人正睡在一棵大樹下，我只要輕輕地

121

一推，他就會掉下懸崖摔死。但我沒這樣做，而是叫醒了他，告訴他睡在這裏很危險，並勸他繼續趕路。後來當我下馬準備過一條河時，一隻老虎突然從旁邊的樹林裏躥出來，撲向我，正在我絕望時，我的仇人從後面趕過來，幾刀就結束了老虎的性命。我問他為什麼要救我的命，他說『是你救我在先，你的仁愛化解了我對你的仇恨。』我這……這實在是不算做了什麼大事。」

「不，孩子，能幫助自己的仇人，是一件高尚而神聖的事，」國王嚴肅地說：「來，孩子，從今天起，我就把王位傳給你。」

18 士為知己者死

吳起是中國戰國時期的一代名將，他所統率的軍隊打起仗來奮勇向前，戰無不勝，令敵人聞風喪膽。為什麼將士們都樂於為他賣命呢？原來吳起對待下屬非常好，愛兵如子。

有一次軍中一位士兵生了膿瘡而痛苦不堪，吳起看到了，就立刻俯下身去用嘴把髒兮兮的膿血吸乾淨，又撕下戰袍把士兵的傷口仔細包紮好。在場的士兵無不感動得熱淚盈眶。

這位士兵的同鄉後來將此事告訴了士兵的母親，老婦人聽後放聲大哭。別人以為老人感動得哭，不料老婦人卻說：「我這是傷心，我兒子的命將保不住了。以前我丈夫在吳將軍手下當兵，吳將軍對他也是這樣好，後來在戰爭中我丈夫為報答將軍的恩情，拼死向前，結果戰死在沙場。現在又輪到我兒子了。」

智慧之泉

士為知己者死。是收買人心最厲害的招術。

19 幫人就是幫己

　　1960年，勞埃德在英國的泰晤士河邊開了一家咖啡館。很快，這家咖啡館就成了船老闆、商人、船員等聚會的地方，這裏成了一個資訊通道。

　　他們在這裏暢談海外的奇聞軼事，航海中的風雨歷程。高興的人慶賀自己一帆風順，滿載而歸；悲傷的人哀歎自己海上遇險，血本無回。

　　勞埃德聽到這些心想：「我何不利用現在的條件，與這些老顧客們聯手搞一搞海運保險呢？」

　　他不斷地諮詢那些從事海上貿易的老闆，老闆們對此很感興趣。

　　接著很多船長、船員、貨主、商販等紛紛表示，如果哪個人願意來搞海運保險，他們都參加。

　　有了這些人的支援，勞埃德終於下定了決心。不久，一家「勞埃德保險公司」就在泰晤士河的河畔成立了。

　　不久，他的保險公司生意就火了起來，昔日一個小小咖啡店的老闆，馬上搖身一變，成了保險業的鋒頭人物。

　　勞埃德保險公司的發展非常迅速，他除了海運保險，還擴展到各個領域，大到火箭發送、人造地球衛星、受到戰火威脅的超級油輪等，小到電影明星的漂亮臉蛋、脫衣舞女的玉腿等業務。

勞埃德保險公司的營業項目，真是無所不保，無奇不有，讓世人大開了眼界。

　　而他也成了英國人引以自豪的保險業巨頭！

智慧之泉

人際交往，互利互惠，幫助別人，自己也能發達了；幫助別人，就是在自己的信用卡上儲蓄人情，儘管你不求回報，其回報也是妙不可言。

動其心才能動其情

　　漢高祖劉邦共有8個皇子，生母不一，為了爭奪太子之位，展開了子與子、母與母之間的明爭暗鬥。劉邦有立戚夫人之子如意為太子之意，可呂后想立自己的兒子盈為太子，她找張良幫忙。張良獻上一計：「皇上一直想招聘4個在野的賢人出山，但他們始終不肯，若將他們迎為賓客，太子常請此4人赴宴，必會被皇上看見而問其原因。」

　　果然不出張良所料，高祖以為盈為人恭敬仁孝，天下名人慕名而來，終於立盈為太子。盈的成功完全仰仗4人賢人的盛名，借助他們的名望得到了皇帝寶座，當然也包括他母親呂后和張良的妙計，只有劉邦被蒙在鼓中。

智慧之泉

　　動其心才能動其情。要動其心首先要找到與其的共鳴點，這不失為情感投資的一種好方法。

21 拿破崙與約瑟芬

約瑟芬在拿破崙出外打仗時與人私通，拿破崙戰勝回來知道了此事要與她分手，並把她關在臥室外。

約瑟芬放聲大哭並用力敲門，承認自己所犯下的錯誤，並提起他們以前的海誓山盟……說如果他不能寬恕，她就只有一死。仍然打動不了拿破崙。

約瑟芬哭到深夜忽然想起孩子們，不由得眼睛一亮。她知道，拿破崙愛她的兩個孩子奧當絲和歐仁，尤其喜歡歐仁，這是打動拿破崙的好辦法。

孩子們來了，天真而笨拙地哀求著說：「不要拋棄我們的母親，她會死的！……還有我們，我們怎麼辦呢？……」

人心都是肉長的，約瑟芬這一招確實管用。拿破崙雖然知道約瑟芬已背叛了他，然而她的哭聲在他的腦海裏泛起他們相愛時的美好回憶。

奧當絲和歐仁的哀求聲衝破他心中設下的防線。

於是，房門打開了，拿破崙與約瑟芬重歸於好。後來拿破崙登基時，約瑟芬成了皇后，榮耀至極。

127

智慧之泉

常言道：人心都是肉長的。以情感人，以淚感人，調動眼淚戰法，動之以情，這種求人術往往會收到意想不到的回報。

以情籠人成就大事業

　　松下幸之助非常懂得東方人以情用人，以情籠人的這一特點，所以，他在用人中非常精妙的使用這一技巧。

　　松下幸之助的身體很弱，但他，卻從來不曾忘記過員工的生日。朋友、員工的生日、婚禮，他都要親自寫賀卡。他的親筆賀卡透露著一種濃濃的人情味。

　　這是保持良好人際關係和保持個人形象相當有效的方式。

　　松下電器公司的最初，不過是松下夫婦兩人私人作坊，製作電絕緣板。後來有　兩個雇員。但是在將近七十年的歷史中，它卻像由蛹幻化蝴蝶一樣，神奇地變成了世界上最大的電器王國之一。這種成功是每個有事業心的人都應該深刻總結的。

　　松下幸之助從他一生的奮鬥中，深刻體會到，只要努力去幹，就一定會取得成功。

　　他說：「人常說，做生意有賺有賠，在賺和賠的過程中走向成功，我認為這是錯誤的。做生意是極為嚴肅的事情，即使在不景氣中也能做下去。真正會做生意的人，反而可以趁著不景氣而鞏固、發展自己的經營基礎。那種把自己的失敗歸因於不景氣，或是某某從中做了手腳等等觀點，是把自己的怠慢強加於他人頭上的做法。因此，我覺得只要努力就一定會有回

報，這一信念是相當重要的。」

　　松下幸之助把他的這一信念也帶到用人之道中，並鼓勵每個員工在公司內部奉行這種精神。

智慧之泉

松下公司的成功在很大程度上歸功於松下幸之助的情感激勵法，從而調動所有員工的上進心為自己辦事，使松下公司幾十年內就發展成為世界知名企業。企業經營如此，在我們日常生活中也應靈活運用這種以情籠人的方法，從而更有效地利用他人的才華來成就自己的事業。

做人不要太精明

王剛有位才華、品德都很出眾的朋友，他們倆相識已有10餘年了。

初時他們同在一家公司打工，分任兩個部門的經理，後來他們先後辭職開闢自己的天地，一直保持著緊密的聯繫。本以為以朋友的能力，他的公司會很快上一個臺階的，殊不知，他做得一直都不順利。

為什麼呢？王剛想很重要的一個原因就是他太精明了。王剛記得他們每次見面聊天，總是聽他抱怨、指責別人，這些人包括他的合作夥伴、客戶以及下屬，他會一針見血地指出每個人的缺點和不足，然後抱怨同這些人共事有多麼困難，他總也找不到令他滿意的夥伴和員工。

王剛總是勸他，許多人並不是故意與你做對，只不過是個性、習慣的原因，用人、與人相處要儘量地看人長處，用人長處，不要老盯著人家的缺點不放，你又不是要找個道德楷模等等。說歸說，下次見面依然如故，他的公司事業依然沒有起色。

智慧之泉

有不少優秀人才他們自視甚高，自律甚嚴，他們用自己的標準、好惡去衡量要求別人。他們不乏精明，但少了一份糊塗和容人的胸懷。這樣的人是做具體業務的好手，但絕不是好的管理人。

寬宏大度與報恩

　　楚莊王一次平定叛亂後大宴群臣，寵姬妃嬪也統統出席助興。席間絲竹聲響，輕歌曼舞，美酒佳餚，觥籌交錯，直到黃昏仍未盡興。楚王乃命點燭夜宴，還特別叫最寵愛的兩位美人許姬和麥姬輪流向文臣武將們敬酒。

　　忽然一陣疾風吹過，宴席上的蠟燭滅了。這時席上一位官員斗膽拉住了許姬的手，拉扯中，許姬撕斷衣袖得以掙脫，並且扯下了那人帽子上的纓帶。許姬回到楚莊王面前告狀，讓楚王點亮蠟燭後查看眾人的帽纓，以便找出剛才無禮之人。

　　楚莊王聽完許姬的話，卻傳命先不要點燃蠟燭，而是大聲說：「寡人今日設宴，諸位務要盡歡而散。現請諸位都去掉帽纓，以便更加盡興飲酒，」聽楚莊王如此說，大家都把帽纓取了下來，楚莊王這才命人點上蠟燭，君臣盡歡而散。

　　席散回宮，許姬怪楚莊王不給她出氣。楚莊王說：「此次君臣宴飲，旨在狂歡盡興，融洽君臣關係。酒後失態乃人之常情，若要究其責任，加以責罰，豈不大殺風景？」

　　許姬這才明白楚莊王的用意。這就是歷史上有名的「絕纓宴」。七年後，楚莊王伐鄭。一名戰將主動率部下先行開路。這員戰將所到之處拼力死戰，大敗

敵軍，直殺到鄭國國都前。

戰後楚莊王論功行賞，才知這員戰將叫唐狡。唐狡表示不要賞賜，並坦誠七年前宴會上無禮之人就是自己，今日此舉全為報七年前不究之恩。

楚王大為感歎，把許姬賜給了他。

智慧之泉

種瓜得瓜，種豆得豆，多施恩，少結怨，善惡在人們的心裏總是有數的。

25 學會順其自然

時近三伏「夏至」以後第三個庚日起，每十天為一伏，共三十天叫「三伏」），道觀前的草地依舊一片枯黃，沒有半點綠意。

小道士對師父說：「咱們快撒點草籽兒吧，您看現在這黃禿禿的多難看哪！」

師父淡淡一笑說：「好啊！等天涼了，隨時吧！」中秋後師父買了包草籽兒叫小道士去種。

在陣陣秋風吹動下，草籽兒邊撒邊飄……小道士急得直喊：「師父，不好了！許多草籽兒都叫風給吹走了！」

師父卻不動聲色：「嗯──沒關係。吹走的多半是空的，撒下去也發不了兒。隨性吧！」

撒完種子，就引來了一群麻雀。小道士這會兒急得直跺腳：「壞了，壞了！草籽兒都讓麻雀給吃了。這，這可怎麼辦呢？」

師父依舊和顏悅色：「別急。吃不完，隨遇吧。」

當天夜裏，忽然下了一陣暴雨。清晨，小道士到道觀前一看，就慌慌張張地一頭衝進禪房：「師父，這下兒可完了！草籽兒全部被雨水沖走了！」

師父仍是一副毫不介意的樣子：「沖到哪兒就會在哪兒發兒，隨緣吧！」

幾天後，枯黃的草地上居然長出了一片青翠可人

的綠苗苗！更令人驚訝的是，原先沒有播種的地方也泛出了綠意。

小和尚高興得直拍手：「好看！太好了！」

師父只露出了一絲笑意，慢慢點頭道：「隨喜，隨喜！」

智慧之泉

隨時，隨性，隨遇，隨緣，隨喜──別把生活定格在某一個特定的時間、空間、標準上，在堅強中隨遇而安，平凡中感受快樂。學會一切順其自然，而不是刻意強求，一味地與生活較勁，說不定就會得到命運送給你特別的禮物。

26 平靜面對將來

　　新創刊的《漫畫週刊》為了提升讀者對刊物的熱情和擴大發行量，一番策劃之後，推出了徵漫畫活動，要求應徵作品以「世界的最後時刻」為題，描繪出世界即將毀滅的最後時刻，你和你的親人們在幹些什麼。

　　前來應徵的作品堆積如山。應徵者來自世界各地，他們都將自己的想像力盡情的發揮：在世界末日情侶緊緊抱在一起，一邊喝酒一邊接吻；鈔票堆在大街上燃燒；坐上太空船逃離地球……

　　而最終獲得頭等獎的，卻是一位家庭主婦用鉛筆在一張包裝紙上畫的漫畫：她在廚房洗完碗筷後，正伸手關緊水龍頭，丈夫坐在餐桌旁的地板上，而他們的兒子，正快樂地擺弄著積木……

　　這最平靜的畫面表現出了世界存在的意義和人類的最高追求。

智慧之泉

不要被即將到來的東西所誘惑，也不要被它們嚇倒。即使世界真要馬上毀滅，你也可以平靜面對「現在」，那種從容所帶來的力量會讓你擺脫所有的困難，完全掌控屬於你的那段時空。

27 心意比項鏈更值錢

一個小女孩跑到珠寶店的櫃檯前，整張臉都貼在了櫥窗上，出神地盯著一條藍寶石項鏈看。

她對店主說：「我想把這條項鏈買來送給我姊姊。您能包裝得漂亮一點嗎？」

店主打量著小女孩，疑惑地問她：「妳有多少錢呢？」

小女孩從口袋裏掏出一個手帕，慢慢地解開所有的結，然後攤在櫃檯上，興奮地說：「這是我所有的積蓄，夠了嗎？」實際上她拿出來的不過是幾枚硬幣而已。

小姑娘接著說：「今天是我姊姊的生日，我想把這條項鏈送給她。自從媽媽去世以後，姊姊就像媽媽一樣照顧我們，我敢保證她一定會喜歡這條項鏈的，因為項鏈的顏色就像她的眼睛一樣。」

店主沒有再說什麼，他迅速地拿出了那條項鏈，裝在一個小盒子裏，並且用一張漂亮的紅色包裝紙包好，還在上面繫了一條綠色的絲帶，然後把它遞到小姑娘手裏：「拿去吧，小心點。」小女孩說了聲：「謝謝！」興高采烈地回家去了。

幾天後，店裏來了一位氣質高雅的姑娘，她有一雙藍色的眼睛。她把已經打開的禮品盒放在櫃檯上，問道：「這條項鏈是從這裏買的嗎？多少錢？」

「本店商品的價格是賣主和顧客之間的祕密。」
店主答道。

　　姑娘說：「我妹妹只有幾枚硬幣，這條寶石項鏈
她根本就買不起的。」

　　店主接過盒子，將包裝重新包好，遞給了姑娘：
「她給出了比任何人都高的價格，她付出了她所擁有
的一切。」

智慧之泉

事物的價值在很多時候是不能用金錢來衡量的，
哪怕是再貴重的東西。有人說，凡是可以用錢能
買到的東西都是廉價的，這句話一定有它的道
理。

第五輯
愛情與婚姻

01 希望之光

　　1942年寒冬，納粹集中營內，一個孤獨的男孩正從鐵欄杆向外張望。恰好此時，一個女孩從集中營前經過。看得出，那女孩同樣也被男孩的出現所吸引。為了表達她內心的情感，她將一個紅蘋果扔進鐵欄，一個象徵生命、希望和愛情的紅蘋果。

　　男孩彎腰拾起那個紅蘋果，一束光明照進了他那塵封已久的心田。

　　第二天，男孩又到鐵欄邊，儘管為自己的做法感到可笑和不可思議，他還是倚欄杆而望，企盼她的到來，年輕的女孩同樣渴望能再見到那令她心醉的不幸的身影。於是，她來了，手裏拿著一個紅蘋果。

　　接下來的那天，寒風凜冽，落花紛飛。兩位年輕人仍然如期相約，通過那個紅蘋果在鐵欄的兩側傳遞融融暖意。

　　這動人的情景又持續了好幾天。鐵欄內外兩顆年輕的心天天渴望重逢：即使只是一小會兒，即使只有幾句話。

　　終於，鐵欄會面黯然落幕。這一天，男孩眉頭緊鎖對心愛的姑娘說：「明天妳就不用再來了。他們將把我轉移到另一個集中營去。」

　　說完，他便轉身而去，連回頭再看一眼的勇氣都沒有。

從此以後，每當痛苦來臨，女孩那恬靜的身影便會出現在他的腦海中。她的明眸，她的關懷，她的紅蘋果等等所有這些都在漫漫長夜給他送去慰藉，帶來溫暖。

　　戰爭中，他的家人慘遭殺害，他所認識的親人都不復存在。惟有這女孩的音容笑貌留存心底，給予他生的希望。

　　1957年的某一天，美國。兩位成年男女移民無意中坐到一起。

　　「大戰時您在何處？」女士問道。

　　「那時我被關在德國的集中營裏。」男士答道。

　　「哦！我曾向一位被關在德國集中營裏的男孩遞過蘋果。」女士回憶道。

　　男士猛吃一驚，他問道：「那男孩是不是有一天曾對妳說：明天妳就不用再來了，他將被轉移到另一個集中營去？」

　　「啊！是的。可您是怎麼知道的？」

　　男士盯著她的眼：「那就是我。」

　　好一陣沈默。「從那時起，」男士說道：「我就再也不想失去妳了。願意嫁給我嗎？」

　　「願意。」她說。

　　他們互相緊緊地擁抱在一起。

　　1996年情人節。在溫弗利主持的一個向全美播出的節目中，故事的男主人公在現場向人們表示了他對妻子四十年忠貞不渝的愛。

「在納粹集中營，」他說：「妳的愛溫暖了我；這些年來，是妳的愛，使我獲得滋養。可我現在仍如饑似渴，企盼妳的愛能伴我到永遠。」

智慧之泉

愛是這世界上最強大的力量，有它的陪伴，我們才有勇氣面對生活的風霜雨霧，才有勇氣戰勝生活中的電閃雷鳴。讓我們自己的心中充滿愛，讓我們用自己心中的愛去溫暖他人，我們就會得到更多的溫暖和幸福！

○2 愛的密碼

一位女友終於決定請我們吃喜糖了，我們大家都非常驚詫，不是認為她唐突，而是因為她終於下了決心與和她熱戀了兩年多的男友結婚。

她以前受過傷害，大家都知道那個男孩子，當初與她也愛得生生死死，但到談婚論嫁時，男孩子卻突然負她而去，給她打擊不小。所以儘管她與後來的男友關係非同一般，卻不敢輕言「結婚」兩字。男友也一直默默地關愛著她，只是不提那兩個字。

這次，男友到福州去進貨，到了那裏才發現貨物價格上漲不少，帶去的錢不夠。男友打電話回來叫她取些錢電匯過去。他的存摺就留在她這裏。但他卻沒有告訴她存摺的密碼。也許是忘了，也許是他以為她本來就知道，因為他好多次取錢存錢都是與她一起去的，她應該知道密碼。其實那密碼也無非是他們的生日組合：他是1969年5月6日生的，她的生日是1972年2月8日。

與她一起去的朋友在銀行門口等她，她在櫃檯前填了單子，銀行小姐叫她輸密碼時她才想起自己忘了問男友，但事已至此，她隱約記得密碼是與生日有關，便輸了6956。那是男友出生日期，電腦提示她輸錯了；她又輸了6972，又錯了。銀行小姐看了她一眼，她不自在起來，想了一下又輸入5628，結果還是

錯了，銀行小姐用懷疑的眼光盯著她，她不敢再輸號碼了。在門口等她的朋友走了過來，問了幾句之後，輸了2856，結果密碼對了。

在銀行門口，她問朋友怎麼知道的，朋友認真的對她說：「他如此地愛妳，做什麼事肯定都會先想起妳然後才是他自己，設密碼也會如此，首先想到妳的生日……」

她給他匯了錢之後給他打了電話，在電話末了她輕輕對他說：「回來之後，我們結婚吧……」

智慧之泉

愛一個人，最重要的也許不是山盟海誓和甜言蜜語，生活中的一些細節也許更能體現他對你的用情，那才是愛的密碼。愛的密碼：隨時隨地把對方放在心上，擺在首位；愛的解碼：隨時隨地把對方擺在首位，放在心上！

03 愛的抉擇

那一天下午，忽然下起了一陣傾盆大雨，兩個結伴行乞的窮困青年餓得不行了，倒在大路邊上動彈不得。路人行色匆匆，繞開他倆視而不見。

這時，一位十分美麗的年輕女醫生拿著傘走了過來，駐足在他倆的身邊，並一直將傘置於他倆的上方直至雨停，其後又為他們弄來了一些吃的，讓他倆恢復了體力。

天使般的女醫生有一個美麗動人的名字：露絲。

露絲的舉動令兩個年輕人萬分感動，他倆同時愛上了她。為了得到這份愛，他倆展開了默默的競爭。

第一位年輕人曾深情問露絲：「小姐，能告訴我妳的男友在從事什麼職業嗎？」「哦，對不起，我沒有男朋友。」「那妳希望你未來的男朋友是做什麼的呢？」「我想，他最好是位名醫師吧！」

一天，第二位年輕人也跑去向露絲坦言表白：「小姐，我愛妳！」「對不起，我不會愛上一個不講衛生的人。」

次日，這位年輕人洗漱乾淨穿上一身新衣服跑去對露絲說：「小姐，我愛妳！」「對不起，我不會愛上一個沒錢的人。」過了一段日子，這位年輕人興高采烈地跑去對露絲說：「親愛的，我買的彩票中了頭獎，五百萬！這下我能得到妳的愛情了！」不料姑娘

還是平靜地說：「對不起，你不是醫生，或許我只會愛上一位醫生。」

幾年後，當年的第二位年輕人竟神奇地以醫師的身分又來到了露絲面前：「親愛的，我想現在妳可以嫁給我了。」「很抱歉，我已經嫁人了。」說罷，露絲挽著她身邊的丈夫走進了醫院的大門。

第二位年輕人定睛一看，差點兒沒昏了過去。原來，女醫生挽著的人正是當年與他搭伴行乞餓倒街頭的第一位年輕人——而今他已是這家全市最大醫院的院長，也是全市最有名的外科主治醫師。第二位年輕人不服氣，於是便氣勢洶洶地跑過去問第一位年輕人：「你到底使用了什麼魔法？」

「我用的是心，你用的是計謀；我的心始終是朝著一個方向，而你卻過於急功近利，眼睛裏總是裝著貪婪。」

智慧之泉

這句話恐怕不僅僅只是一個浪漫愛情故事的結尾。成功只垂青於用心去生活的人們。其實，人的一生，何止愛情的競爭才如此呢？

戀愛中的男人必須回答的問題

　　她問：「如果我和你母親同時掉進水裏，你先救誰？」哎呀！這種問題怎麼會發生？他大窘，左手搓著右手：「我不知道。」這種虛擬的問卷大概是所有戀愛中的男人都必須經過的關卡吧，可是，他卻沒能通過。

　　「哄一哄我也好嘛！」她跺腳，幾近落淚。最後她還是和他結了婚，卻隱隱有憂。

　　婚後第一個春節，依當地風俗，她應該去婆婆家過年，因為，她是他們家的人了。

　　婆婆家在鄉下。客車在愉快地馳騁著。過年了，都是四面八方地往家趕，一車的歡聲笑語。

　　忽然，「轟」的一聲，客車衝進了大河。冰冷的水從各個縫隙裏擠壓進來。只一瞬間，一車的昏暗，一車的哭喊，一車的絕望。

　　已到了陰曹地府的門前了吧？

　　裏面是慌作一團的人，外面是漆黑無邊的水，躲無處躲，藏無處藏。她嚇呆了。

　　他是冷靜的。一台嶄新的DV，原本是送給老人的禮物，他迅速取出，砸破車窗，迎著洶湧而入的水，奮力往外一鑽，像魚一樣竄向水面……

　　他竄上去了？關鍵時刻，他竟然自顧逃命！

　　又漸次有玻璃砸碎的「嘩啦」聲，人們爭相逃出

147

車外，惟她不動，她不會游泳。

　　車內的水不停地上漲，任憑沒及膝，及胸，及唇。淚，卻無聲下流。

　　醒來時，已在岸上，在他懷裏。她驚訝、恐懼，一場生死，已然恍若隔世。他滿含歉意：「對不起，嚇著妳了。我必須先弄明白沈車位置和水深。上來的時候，妳掙扎得好凶。」

　　「我一直記得還欠妳一個問題，現在回答妳：如果妳落水了，我會來救妳，說不出先救誰，但妳一定會先我而上岸，除非……」不等他說完，她拼命捂住他的口，她已經恨死了自己的這張烏鴉嘴，一朝應驗，幾乎痛悔終生。她卻也突然明白：在自己與他母親之間，當初無法做出選擇的人，才是真正可以放心將終身託付的人。

智慧之泉

當我們能看到諾言背後的責任時，我們就會明白海枯石爛的誓言並不是能輕易許下的，有著深思的沈默是比甜言蜜語更值得信賴的。做一個守信的人，需要我們許諾時的三思；做一個守信的人，也往往需要我們以行動來表示語言的力量。愛，需要甜言蜜語的短暫陶醉，但更需要對承諾背後責任的堅定守候。

05 愛情無價

男孩對女孩說：「如果我只有一碗粥，我會把一半給母親，另一半給妳。」於是女孩就喜歡上了這個男孩。

村裏發大水，男孩忙著救別人，而沒有去救女孩，別人問他為什麼，男孩說：「如果她死了我也不會獨活。」這一年女孩20歲，男孩22歲，他們結了婚。

鬧饑荒的年月，兩人只有一碗粥，都想讓對方吃，結果硬是讓粥都酸掉了。那年她40歲，他42歲。

他52歲那年，他的人生跌得很重，50歲的她心甘情願地陪伴著他，並對他說無論多苦多難她對他都不離不棄。

二十多年過去了，他們都是70多歲的人了。在公共汽車上，有一位年輕人給他們讓座，但他們誰都不肯坐下，而是兩個人緊緊靠在一起抓著扶手。

這讓車上所有的人都被他們感動了，齊刷刷地站了起來，彷彿看到他們心中的玫瑰花正在盛開，醉人的芬芳四溢。

149

智慧之泉

在人生旅途中，不管遇到怎樣的情況，都能相互勉勵與祝福，並能共同承受生活中的痛苦與磨難、幸福與快樂，並且一生一世不離不棄。這才是真正愛情，所有人都嚮往的愛情。

心中的一盞明燈

一對新人結婚時除了一處棲身之所外，連床都是借來的。而她卻傾盡所有買了一盞漂亮的燈掛在屋子中央。他問她為什麼要花這麼多錢去買一盞燈，她笑著回答說：「明亮的燈可以照出光明的前程。」他不以為然。

後來，有了新家，她也捨不得扔掉那一盞燈，而是小心地用紙包好收藏起來。

不久，男人辭職下海，事業有成，有了錢，也有了情人，並開始以各種藉口外出，後來乾脆夜不歸宿了。她以各種方式挽留他，均無濟於事。

這一天是他的生日，她叮囑他無論如何也要回家過生日。他想起漂亮情人的要求。最後，他決定先去情人處過生日，然後再回家過一次。

情人的生日禮物是一條精緻的領帶。半夜時分他才想起妻子的叮囑，便急匆匆趕回家中。

遠遠地看見自己的家明亮如白晝，一種遙遠而親切的感覺在心中升起。當初她就是這樣夜夜亮著燈等他回來的。

推開門，她正淚流滿面地坐在豐盛的餐桌旁，沒有絲毫倦意。見他歸來，她不喜不怒，只說：「菜涼了，我再去熱一下。」

當一切準備就緒之後，太太拿出一個紙盒送給

他。男人打開一看，是一盞精緻的燈。

　　女人流著淚說：「那時候家裏窮，我買一盞好燈是為了照亮你回家的路；現在我送你一盞燈是想告訴你，我希望你仍然是我心中的明燈，可以一直明亮到我生命的結束。」

　　男人終於回心轉意。一個女人送一盞燈給自己的男人，裏面包含著多少寄託與企盼！而他，愧對這一盞燈的亮度。

　　男人最終回到了女人的身邊。

智慧之泉

愛是一盞燈，不管它能否照亮他人的前程，但它一定能照亮一個男人回家的路。因為這燈光是一個女人用自己一生的愛點燃的。這個女人的一片苦心終於贏回了丈夫的心。

　　小王和小李決定離婚。小王賭氣搬進了單位的宿舍去住，留下小李守著空蕩蕩的家。

　　晚上，當小李打開電腦時，收到了小王發來的電子郵件。沒有多餘的話，只是敘述了他剛剛看到的一幕生活場景——

　　有一對夫妻，丈夫是個孤兒，從小靠撿破爛為生；妻子是個精神病人，剛才，我看到那個丈夫在街上往回拉自己的妻子。妻子的臉上有著精神病人常有的瘋癲表情，丈夫的臉上沒有任何無奈與煩躁，神情坦然。

　　我看到他們在街上來回拉著，路人都在大笑，可是我的淚卻掉了下來。親愛的，連一件像樣的衣服都沒有，連最基本的生活都成問題的夫妻，尚有一個清醒的人懂得守住夫妻之道，一路走過來，而我們兩個生活無憂、神志健全的人為什麼反而做不到呢？

　　小王最後寫道：「寶貝，我愛妳。」

　　來不及關上電腦，小李就披著衣服，流著淚衝了出去。此刻，她只想用最快的速度抱住她最愛的人。

智慧之泉

真正的愛並不是那些甜言蜜語，而是在平凡生活中為你愛人做一些實實在在的小事。比如做一頓飯，倒一杯水，都可能比送一束花更能讓她感動。

08 調整心態

英國的維多利亞女王，與丈夫阿爾伯特相親相愛，感情和諧。但妻子是一國之王，忙於公務，而丈夫卻不太關心政治，對社交缺乏興趣。因此，有時也會鬧個小彆扭。一天女王開會回來，深夜才回臥房。見門關著，她抬手敲了兩下。

「誰？」阿伯爾特在房裏問。

「我是女王。」門沒有開。女王再敲。

「誰？」

阿爾伯特問道。「維多利亞。」女王回答。門還是沒有開。女王徘徊半晌，再敲。

「誰？」阿爾伯特仍然在問。「你的妻子。」這時，門開了，丈夫雙手把她拉了進去。

第五輯　愛情與婚姻

打磨生活，不讓婚姻被堅硬的稜角刮傷

153

愛是一種牽掛

　　她是一個很普通的女孩，性格溫柔，但對他特別好。他是廠裏的供銷員，經常出差。一走就是一個月。每次送他到門口時她只說：「別忘了給家裏打電話。」但他很難得打個電話回家，就是回來，也說不上幾句話。但她卻很滿足。後來，她懷孕了，妊娠反應十分厲害，人也瘦了許多。

　　快生產的前一個月，他又要出差了。她挺著大肚子幫他整理行裝，問他要走多長時間？他說：「一個星期。」她沈默半響，幽幽地對他說：「一個星期有7天呢！」

　　在車上，他突然想起她那句話：「一個星期有7天。」心中突然湧現一種異樣的感覺。

　　第四天，他的手機響了。朋友打來的，朋友告訴他，她早產了，在醫院觀察室裏。她不讓我告訴你，但我覺得不妥當……等他趕到醫院的時候，她正被推到手術室裏。生產的時候，她邊哭，邊喊他的名字。

　　孩子生下來了，他在手術室外面也哭成了淚人。這時，他才發現，自己有多麼地愛她。

154

智慧之泉

　愛是一種心痛，是一份難捨的牽掛。當你對一個人有這種感覺的時候，那麼這個人就已經融入你的生命了。婚姻只有經過這個過程，才會變得更厚重。

10 愛是寬容

法國鄉下有一對清貧的老夫婦，想把家中惟一值點錢的一匹馬拉到市場上去換點更有用的東西。老頭子牽著馬去趕集了，他先與人換得一條母牛，又用母牛去換了一頭羊，再用羊換來一隻肥鵝，又由鵝換了母雞，最後用母雞換了別人的一大袋爛蘋果。

當他扛著一個大袋子來一家小酒店歇腳時，遇上兩個英國人，閒聊中他談了自己趕集的經過，兩個英國人聽得哈哈大笑，說他回去一定會挨老婆子一頓揍。老頭子稱絕對不會，英國人就用一袋金幣打賭，如果他回家竟未受老伴任何責罰，金幣算輸給他了，三人於是一起回到老頭子家中。

老太婆見老頭子回來了，非常高興，又是給他擰毛巾擦臉又是端水解渴，聽老頭子講趕集的經過。每聽老頭子講到用一種東西換了另一種東西，她都十分激動地予以肯定。「哦，我們有牛奶了」「羊奶也同樣好喝」，「哦，鵝毛多漂亮！」「哦，我們有雞蛋吃了！」諸如此類。

最後聽到老頭子背回一袋已開始腐爛的蘋果時，她同樣不慍不惱，大聲說：「我們今晚就可吃到蘋果派了！」不由摟住老頭子，深情地吻著他的額頭⋯⋯

結果當然不用說了，那兩個英國人就此輸掉了一袋金幣。

155

不要以為安徒生是在諷刺嘲弄愚蠢之人，或是在宣揚「夫唱婦隨」。他的精妙用意，是要告訴我們：家庭生活夫妻之間最重要的基礎是寬容、尊重、信任和真誠。即使對方做錯了什麼，只要心是真誠的，就應該重過程重動機而輕結果，這樣才能有家庭的和睦，夫妻的恩愛。善待婚姻的最好的方式，充分理解對方的行事做法，不苛求不責怨，如此，必然給對方以愛的源泉，婚姻一定如童話般妙趣橫生，和美幸福。

11 誰是你一生最重要的人

在一所大學裏，教授和學生們做了一個遊戲。

教授讓同學在一張紙上寫下自己難以割捨的18個人的名字。學生們照做了，寫下了一連串自己鄰居、朋友和親人的名字。

教授說：「請你在這裏面找出你最重要的人。」教授抽查的是一個女生的試卷。女學生一一劃掉一些名字。到最後只剩下兒子和丈夫的名字時，「請再劃掉一個。」教授的聲音再度傳來。女生驚呆了，她顫巍巍地拿起鋼筆，緩慢地劃掉了兒子的名字並「哇」的一聲哭了。

教授待她稍微平靜後問道：「父母是養育妳的人，孩子是妳親生的，而丈夫是可以重新去找的，但為什麼他反倒是妳最難割捨的人呢？」

同學們靜靜地等待著她的回答。

女生堅定地說：「因為隨著時間的推移，父母會先我而去，孩子長大成人後獨立了，肯定也會離我而去。能真正陪伴我度過一生的只有我的丈夫！」

智慧之泉

「少來夫妻老來伴」，以往農業社會，三、五代同堂的居住習慣，目前已完全改變了，兒女長大了，就會海闊天空的展翅他飛，因此，當你有一天白髮蒼蒼之際，能陪伴在身邊，就只剩下你的另一半了。

12 完美的人

男人一輩子都在尋找完美的女人。當他七十歲時，有人問他：「你在世界各地到處旅行，尋找一個完美的女人？難道你連一個也沒碰到？」

老人非常悲傷地說：「是的，有一次我碰到了一個完美的女人。」

發問者說：「那你們為什麼不結婚呢？」

老人更加傷心地說：「沒辦法，當時她正在尋找一個完美的男人。」

智慧之泉

世界上根本就沒有完美的男人和完美的女人，如果你想尋找的話只能是自尋煩惱，就像故事中的主人公一樣，孤孤單單過一生。

愛的潛能

　　一對夫妻費了九牛二虎之力，終於登上了山頂，他倆高興得像個孩子，不停地大聲呼喊手舞足蹈。

　　突然，丈夫一腳踩空，高大的身軀往萬丈深淵滑下。就在這一瞬間，妻子一口咬住了丈夫的上衣。同時，她也被慣性帶向崖邊，倉促中，她用雙手緊緊抱住了一棵樹。

　　丈夫懸在空中，妻子緊咬牙關，她的牙齒上承擔了一個魁梧身軀的全部重量。

　　妻子不能張口呼救，就這樣等待了一小時後，才被偶然經過的遊客解救。此時妻子的牙齒和嘴唇上已染滿了鮮血。

　　有人問妻子怎麼能夠堅持這麼長時間，她回答說：「因為我不能放棄他！」

智慧之泉

我們發現，死神也怕咬緊牙關。危機時刻，最真誠的愛可以激發人類最大的潛能。

14 別急著說「永遠」

我六歲的女兒一直都有收集的嗜好。

其實她收集的「珍品」，往往是我們眼中的「垃圾」：糖果紙、餅乾盒，甚至一些小紙頭等，為不使她掃興，我專門給她一個大盒子裝「寶貝」。

有意思的是，每次她清理盒子時都會丟出一些東西，當初萬般心疼而收藏的寶貝，只不過經過一兩個月的時間，便毫不留情地丟進了垃圾桶。連她自己有時候都驚訝：「好奇怪！我怎麼會喜歡這些東西？」

現在很多年輕人，他們一旦結交了異性朋友，便會馬上認定對方是全部、是終身的摯愛，甚至立刻毫不保留地付出自己的一切。

殊不知，隨著年歲漸長，每個人的觀念、思想皆會有所改變，對人、對事的眼光也會有所不同。年少時候的愛情也不能說就一定是脆弱的，但以「天長地久」這個字義而言，總有那麼一段距離。這也是現在離婚率特別高的原因。

160

智慧之泉

人類喜好改變，有時連自己都無法理解。因此好多書上都用「善變」來形容人，但由生澀到成熟本來就是一連串的蛻變。記住，在尚未成熟之前，先別急著說出「永遠」的承諾吧！

第六輯
恬淡寧靜與知足常樂

01 奪命之物

　　一棟住宅樓發生了火災，一個中年男子在大火中喪生。奇怪的是，他5歲的兒子明明卻逃了出來。

　　有人問明明：「你是怎麼逃出來的？」明明說：「我拿了一塊濕毛巾捂住鼻子，貼在地上爬……」

　　這是科學有效的逃生方法。人們不解：「你爸爸不會這麼做嗎？」明明說：「會，是爸爸教我這麼做的。爸爸和我一樣爬到了門口，他說忘了一件東西，就又爬回去了。」

　　參加救火的消防員，他們發現那具男屍時，他手裏緊緊攥著一個珠寶盒。於是，人們明白了：有一種東西殺人奪命，比大火還厲害。

智慧之泉

錢財的可怕之處就在於它往往使人喪失了理智，蒙蔽了心智，甚至忘卻了生存的本能。現實生活中，讓很多人喪失生命和快樂並不是大火，而是自己永遠難填的欲望。

O2 老闆送禮

情人節那天，小楊一如既往地埋頭工作。生活的壓力、婚姻的平淡已讓她和丈夫很多年不過情人節了。吃過午飯回到辦公室時，她突然發現桌上多了兩張餐券，竟然就是日思夜想的那家飯店的！

她驚呆了，茫然四顧，在老闆臉上捕捉到一絲狡黠的笑容。她想起來了，去年耶誕節時，老闆讓每個人在紙上寫下一個願望以祈禱來年能夠實現。大家只當是個遊戲，鬧一鬧就過去了，沒想到⋯⋯

這天，她終於和丈夫享受到了嚮往已久的燭光晚餐，又找回了戀愛的感覺。

她的同事們的聖誕願望也先後實現了，有人拿到回家鄉的單程機票，有人免費享受一次高檔美容護理，還有人免費參加一個短期培訓班。大家收到禮物時都歡呼雀躍，都說老闆是個聖誕老公公，他能為我們創造驚喜！公司沒有一個人會再去想跳槽的事了！

智慧之泉

送一個禮物容易，可要送到對方心坎裏並不簡單。因為這樣一份禮物的衡量往往不是用金錢，而是其中承載的我們對對方的真正關心。憑藉這樣一份真心，故事中的老闆找到了一批忠心的員工；也是憑藉這樣一份真心，現實中的我們找到了一夥衷心的朋友！

03 虛懷以待

南隱是日本明治時代著名的禪師，他的一杯茶的故事常常為人所津津樂道並讓人得到啟發。

一天，一位大學教授特地來向南隱問禪，南隱以茶水招待，他將茶水注入這個訪客的杯中，杯滿之後他還繼續注入，這位教授眼睜睜地看著茶水不停地溢出杯外，直到再也不能沈默下去了，終於說道：「已經滿出來了，不要再倒了。」

「你的心就像這個杯子一樣，裏面裝滿了你自己的看法和主張，你不先把自己的杯子倒空，叫我如何對你說禪？」南隱意味深長地說。

南隱禪師教導的「把自己的杯子倒空」，不僅是佛學的禪義，更是人生的至理名言。心太滿，什麼東西都進不去，心不滿，才能有足夠的裝填空間。

「滿招損，謙受益」更是古賢留給後人一句可以千年護身的諍言。

智慧之泉

過度自信的人，他的「心」已經滿滿的，已無法再裝其他東西。在這個瞬息萬變的社會，隨時需要知識、資訊，不斷吸取養分，所以心一定要「空」，也就是古人所說的虛懷若谷。讓胸懷像山谷那樣空闊深廣，這樣就能吸收無盡的知識資源，容納各種有益的意見，從而使自己豐富起來。

04 應變之才

17世紀，法國皇帝路易十四寫了一首文理不通的詩，自鳴得意，問當時有名的文學批評家布瓦洛：「此詩如何？」

布瓦洛將詩看了一遍皺著眉頭說：「皇上真是天資英明，無所不能，想作一首歪詩，一作就作出來，臣下佩服之至。」

路易十四聽了，頓時面紅耳赤。

而中國文人卻艱難多了，因為中國皇帝更專橫。東晉簡文帝日理萬機之餘，雅好塗鴉，寫完後問臣子王羲之：「卿以為朕字如何？」

大書法家王羲之說：「皇上的字自然是好的。」

「怎麼個好法？與卿比如何？」簡文帝追問。

王羲之答道：「皇上的字在皇上中是好的，臣下的字在臣下中是好的。」

簡文帝聽後，不禁十分羞愧。

清朝乾隆皇帝號稱「十全老人」，據說他一生寫下的詩不下10萬首！若詩論量不論質，則中國詩壇第一把交椅非此公莫屬。

一次，他與文臣紀曉嵐一塊兒去白龍寺燒香，乾隆撞了一下寺中大鐘，鐘聲未歇，他「詩」句已出：「白龍寺裏撞金鐘……」紀曉嵐一聽笑出聲來。

乾隆馬上板起臉：「朕詩不好耶？卿何得笑歟？」

紀曉嵐回答：「因為臣想起唐代大詩人李白有句『黃鶴樓中吹玉笛』，千古獨步無以為對，今皇上一出不正好與之相對麼？」

　　乾隆的詩與李白的「黃鶴樓中吹玉笛」相比，優劣高下，一目瞭然。

　　專制時代，文人要保持風骨很難，上所列三人既保持了風骨，又保住了自己的腦袋，實在是聰明！

智慧之泉

伺候這樣有一點才氣的主子，一味拍馬屁自己不樂意，一味直言犯上也不免會使主子龍顏大怒。既含蓄地表示出自己的真實看法，又給上邊留下面子，確實需要大智慧以及應變之計。

曹操用人之道 05

東漢末年，曹操率兵在官渡大敗袁紹，創造了中國戰爭史上以少勝多的著名範例，為其統一北方奠定了基礎。

雙方交戰之初，袁紹兵力數倍於曹操，形勢一度岌岌可危。幸虧袁紹剛愎自用，不聽謀士忠言，致使該謀士憤而投曹，獻計獻策火燒烏巢——袁軍糧草重地，曹軍方得大勝。

勝利後，曹軍發現袁紹的信件中有大量朝中官員給袁紹的書信，全都是討好袁紹，為自己謀退路的。有人建議曹操應該徹底追查此事，以通敵罪名論處這些官員。

可是，曹操否決了這個建議，命人將信件全部燒掉。望著燃起的火焰，曹操說：「當時形勢危急，我尚不能自保，他們這樣做也是迫不得已啊！」

智慧之泉

如果追查此事，一則顯得自己沒有容人胸懷，不近人情；二則會將這些人逼向對手一邊，等於削弱自己而增強敵人實力。三國時代的背景微妙，誰只要擁有了人才，誰就會勝出！

06 兩隻獅子

有兩隻獅子，一隻生活在籠子裏，一隻生活在野地裏。

在籠子裏的獅子三餐無憂，在野地裏的獅子自由自在。兩隻獅子經常進行親切的交談。

籠子裏的獅子總是羨慕外面獅子的自由，外面的獅子卻羨慕籠子裏的獅子安逸。

一日，兩隻獅子進行了對換。籠子裏的獅子走進了大自然，野地裏的獅子走進了籠子裏。從籠子裏走出來的獅子高高興興，在曠野裏拼命地奔跑；走進籠子裏的獅子也十分快樂，它再不用為食物而發愁。

可是沒過多久，兩隻獅子都死了。一隻因饑餓而死，一隻因憂鬱而死。從籠子中走出的獅子雖然獲得了自由，卻沒有獲得捕食物的本領；走進籠子的獅子雖獲得了安逸，卻沒有獲得在狹小空間生活的心境。

智慧之泉

很多時候，人們往往無視自己所擁有的東西，卻很羨慕別人所擁有的東西。殊不知別人的東西並不適合自己，如果想強行擁有的話，只會給自己帶來慘痛的教訓，甚至生命之憂。

徐志摩拜師學藝

徐志摩還只有7歲的時候，就已經非常聰明，而且對語言及文學表現出濃厚的興趣。但直到15歲，他覺得自己在這方面的長進不大，迫切需要一位精於此道的老師來指點他。

當聽說有一位叫梁子恩的人在這方面很有造詣時，於是，他就前往表舅家請求表舅代為引見。

在與表舅的交談中，徐志摩充分表達了自己的迫切願望。他那堅定而又誠懇的語氣，以及對長輩的謙恭之情，深深打動了表舅。表舅覺得此子乃可造之材，不但答應了他的請求，並親自把徐志摩送到梁子恩家，讓其拜在梁子恩的門下。

從此，在老師的輔導下，徐志摩在詩歌上的造詣突飛猛進。最後，終於成了一個當代最了不起的詩人。

智慧之泉

徐志摩的出名，與他在早年能拜名師學習有很大關係。他之所以能拜師成功，同他採用的攻心術是分不開的。恰到好處的運用此法會收到意想不到的效果。

防人之心不可無 08

　　三國時期，曹植與曹丕爭太子位。曹植才華橫溢，人們敬服，曹操也對他另眼相看，內心暗暗打算把王位傳給曹植。

　　當曹植封侯的時候，曹丕還只是軍中的一郎官，但靈活善變的曹丕卻知道如何去打敗曹植。

　　曹操帶兵出征，曹丕與曹植都到路邊送行。曹植充分發揮其才能，稱頌父王功德，出口成章，引人注目，曹操也大為高興。曹丕則反其道而行，不能出口成章，就裝得很含蓄，假惺惺地哭拜在地上，曹操及他左右的人，都很感動，認為曹植有的只是華麗的辭藻，只有曹丕才是真正的忠誠厚道，是真實的情感。

　　在這種情況下，曹植繼續其文人的作派，我行我素，不會用心計，這樣正中曹丕下懷。曹丕靈活機變，掩飾真情。於是王宮中的人及曹操身邊人都為他說話，終於被立為太子。時間不長，不懂防人之道的曹植，終於被曹丕使壞，送了性命。

智慧之泉

在待人處世中，多一些善良的同時也應有點防人之心，可以避免遭遇不測，讓自己立於不敗之地。

"2" /

第六輯　恬淡寧靜與知足常樂
貴在捨棄，讓人生講述出高於欲望的故事

171

放得下才會快樂

一個有錢人帶著許多金銀財寶，去尋找快樂。可是經過了千山萬水，也沒有找到快樂，於是他沮喪地坐在山路旁。農夫背著一大捆柴從山上走下來……

這時，有錢人正在嘆道：「我的財富令人羨慕。但是，為何我並不快樂呢？」

農夫放下背上沈甸甸的柴，開心地揩著汗水：「快樂很簡單，只要能放下就會快樂呀！」

有錢人頓時醒悟：自己背負那麼重的珠寶，老怕被搶，怕別人暗害，整日要擔心這些，快樂從何而來？於是有錢人將珠寶、錢財通通送給了窮人，專做善事，慈悲為懷。沒有了心裏負擔了，他也從中嘗到了快樂的滋味。

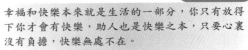
智慧之泉

幸福和快樂本來就是生活的一部分，你只有放得下你才會有快樂，助人也是快樂之本，只要心裏沒有負擔，快樂無處不在。

讓自己的舌頭轉個彎

齊景公最喜愛的一匹馬突然死了，景公大怒，讓人拿刀把養馬人肢解掉。

這時，晏子正好在景公面前，見左右拿刀進來，便阻止了他們，問景公道：「堯、舜肢解人體從身上哪一部分入手呢？」

一聽這話，景公明白了晏子的意思，堯和舜都是古代明主，他們從來不用酷刑，便下令不肢解，而是把養馬人交給獄官處理。

晏子又說道：「他還不知道自己的罪過，就要死了，請讓我數數他的罪狀。好讓他明白犯了什麼罪，然後再交給獄官。」

景公說：「可以。」

晏子就數落養馬人說：「你知道你有三大罪狀，應判死刑。君王讓你養馬，你卻把馬養死，這是死罪之一；你把君王最愛的馬養死，這是死罪之二；你讓君王為一匹馬而殺人，百姓知道了肯定會怨恨國君殘暴，諸侯們聽到這樣重馬輕人，肯定會輕視我們的國家，甚至加兵於我們，這是死罪之三。你有這三條應判死罪的原因，就把你交給獄官吧。」

景公聽了晏子的這些話，猛然醒悟，趕緊說：「放了他吧，不要以此而壞了我仁義的名聲。」

173

古語道，伴君如伴虎。因此，聰明的臣子總是會說話會拐彎兒，委婉地表達自己的意思。晏子如果直接向齊景公建議減輕刑罰，非但達不到目的，很可能會引起齊景公的不悅，到頭來可能事與願違，後果不堪設想。

174

11 別讓自己的金鳥飛了

漁夫拾到一隻受傷的銀鳥，它渾身散發出銀色的光芒，漁夫一輩子都沒見過這麼漂亮的鳥，便把它帶回家，細心地替它療傷。

銀鳥在療傷的日子裏，每天唱歌給漁夫聽，漁夫很快樂。

一天，鄰居看到漁夫的銀鳥很嫉妒，就告訴漁夫他看見過金鳥。它不但比銀鳥漂亮千倍，而且它唱的歌也更動聽。漁夫想，原來還有金鳥啊！從此漁夫每天只想著金鳥，日子也越來越不快樂。

不久，已經康復的銀鳥準備離開。

它最後一次飛到漁夫的身旁，唱了一首離別的歌，漁夫聽完，很感慨地說：「你再怎麼好也比不上金鳥！」銀鳥唱完歌，在漁夫身旁繞了三圈後，朝金黃的夕陽飛去。

銀鳥在夕陽的照射下，突然變成了美麗的金鳥，漁夫夢寐以求的金鳥。只是，這隻金鳥已經飛走了，再也不會回來了。

175

智慧之泉

人常常在不知不覺中成了漁夫，卻不自知。在這個世界上，最重要的既不是你失去的，也不是你沒有得到的，而是你現在真正擁有的。因此，千萬別讓自己的金鳥飛走了以後再懊悔。

12 農夫之死

一個農民正在地裏鋤草，忽然得到通知，他的一位遠房親戚在國外去世，臨終指定他為遺產繼承人。而在這之前他根本就沒聽說過這個人。

那可是一個價值連城的珠寶商店啊。農民欣喜若狂，等到他即將動身時，卻得到通知，一場大火燒毀了那個商店，珠寶也全數焚毀殆盡了。

農民空歡喜一場，只好又回來耕地。但他似乎變了一個人，整天愁眉苦臉，向鄰居們訴說自己的不幸。

「我實在倒楣透了！那是一筆很大的財產，我一輩子見過的錢還沒有它零頭多呢！」

鄰居卻對他說：「你不是還和從前一樣沒有損失嗎？」

「白白丟了那麼一大筆財產，你竟然說我什麼也沒有損失！」農民心疼得叫起來。

「一件你從未得到過的東西失去了，跟你有多大關係呢？」鄰居說得輕鬆，可農民說鄰居不了解他的心有多疼，不久後農民死於憂鬱症。

智慧之泉

得與失往往就在人的一念之間。這個農民為了他從未見過，也從未擁有過的財富憂鬱而終實在很不值得，希望生活中的人們摒棄這種想法，做一個知足常樂的人。

第七輯
動物農莊的人生哲學

01 讓自己成為強者

一場瘟疫在動物王國裏肆意氾濫，因這場瘟疫而死的動物不計其數。國王獅子召開了緊急會議。

聽完動物代表們彙報的情況後，獅子說：「動物王國現在遭遇不幸，肯定是誰觸怒了上帝。現在我們都來反省自己吧，不管是誰，只要是它觸犯了戒律，我們就用它來祭上帝，以此懇求上帝的饒恕吧！」

大家覺得很公平，都同意了。先是肉食動物述說自己的罪行。獅子說：「我有錯，前兩天我看到一隻受傷的斑馬，就把它抓來吃了。」

裁定者狼馬上說：「大王您是肉食動物，吃點肉無可厚非，再說，斑馬已經受傷了，您正好幫它解除了痛苦。」

接下來的肉食動物輪流敘述自己捕食獵物的各種經過等等，狼聽了裁判說，它們做的事情都是一些為了生存尚可原諒的錯誤，並不足以激怒上帝。

輪到草食動物的時候，騾子很老實地說：「我前幾天看到樹上的新葉綠油油的，禁不住吃了一些，除此之外，我一直安分守己！」

狼聽後，立即說：「你是草食動物，吃草就行了，啃樹葉是在搶奪別人的食物。肯定是你的行為觸怒了上帝。」

於是以獅子為首的肉食動物立即把騾子殺了，用來祭祀上帝，表達它們的懺悔。祭祀完畢後，騾子就成了獅子以及其他肉食動物的美食。

智慧之泉

動物世界是一個弱肉強食的世界，你要想改變自己的命運，並且生活得很好，你就必須通過自己的不懈努力，成為一個真正的強者。

英俊的王子因得罪了女巫，被下咒變成了一隻醜陋的青蛙。女巫說：「除非青蛙遇上一位真心愛他的女孩，魔咒才能破解。」

　　幸運的是，青蛙終於遇上了美麗的公主，並以他的善良征服了公主的心。公主說：「我相信你，我也願意愛你，可你必須答應我，無論將來我變成什麼樣子，無論是美麗或醜陋，貧窮或富有，健康或疾病，你都將永遠愛我，並不捨不棄。」

　　青蛙當然同意。於是公主吻了他。公主像是預感到某個不好的結局，在吻他的時候，一滴清淚流下來。落在青蛙的唇邊。

　　魔咒終於解除了。青蛙在瞬間變回了英俊的王子，他欣喜若狂。可意外的事情發生了，王子發現公主不見了。公主原先站著的位置被一隻醜陋的蛤蟆所取代。蛤蟆跳起來，跳到他的腳背，仰起頭來看他。蛤蟆的眼中有淚。青蛙不敢相信，他簡直要抓狂了。

　　這時女巫出現了，她得意地笑：「她根本不是什麼公主，她原本就是一隻蛤蟆。世人皆以為公主吻了青蛙後，兩人從此過上幸福的生活。這種結局太平淡如水。所以我安排了一隻蛤蟆變成公主，由她吻你來解除你的魔咒，同時，她也將變回一隻蛤蟆，這就是她愛上你的代價。如果她不願意吻你，那麼她將永遠

成為一個公主，享盡萬般寵愛。可惜，她是個傻瓜。她明知道自己的結局，可她仍然選擇了愛你。現在，你要兌現自己的諾言，跟一隻蛤蟆一生一世吧，別忘了，這是你答應過她的！哈哈哈，哈哈哈……」

王子崩潰了，他不能接受這個事實。這個惡毒的女巫，把他從地獄扯上天堂，再從天堂拉下地獄，讓他在快樂與絕望的兩極中備受折磨。這才是女巫的真正企圖。王子望了望腳背上的蛤蟆，他想：「我怎麼可能愛她呢？」他憤怒而絕望的大叫，衝了出去。悲劇發生了，他在匆忙之間，踩死了蛤蟆。蛤蟆慘叫一聲，把他驚得回首。更加不可置信的事情接踵而來，蛤蟆又變回了美麗的公主。只是，她死了，死在他無情的腳下。

女巫笑得更狂更得意：「你以為遊戲就結束了？不！遊戲才剛剛開始。你這個自以為是的青蛙，讓我告訴你事情的真相吧。她並不是一隻蛤蟆，她是個真正的公主。她變成蛤蟆也是我的詛咒之一，只要你願意回吻她，她才可以由蛤蟆變回公主。可是你不願，你接受不了她的醜陋，你寧可殺死她你也不願意愛她！哈哈，這就是你所謂的真愛嗎？」

王子痛哭：「你殺了我吧！你殺了我吧！！」

女巫輕蔑地說：「我不殺你。你這個怯懦而自私的膽小鬼，我要讓你活著，讓你在悔恨與痛苦中度過一生！」

故事的結局，公主死在王子的腳下，而王子一生活在悔恨之中，一直到死。

人往往可以原諒自己的醜陋，卻不能接受他人的醜陋。不要輕易相信眼前的「事實」，因為它極有可能是一幕假象。厄運就像那個惡毒的女巫，你越害怕她，她越對你窮追不捨。一旦你喪失理智，你就極有可能犯下彌天大錯。

猴子下圍棋

　　從前有一對神仙，很喜歡下圍棋，他們經常到山頂上下棋。在他們下棋的地方，恰好有一棵大樹，樹上住了一隻猴子。這隻猴子長年躲在樹上看這對神仙下圍棋，終於練就了一身非凡的高超棋藝。

　　後來這隻猴子下山來，到處找人下棋，結果沒有人是它的對手。只要是下棋的人，一見到對手是這隻猴子，就馬上逃走了。

　　最後，這個國家的國王終於無法忍受了，全國這麼多圍棋高手竟然連一隻猴子也敵不過，這實在是太沒面子了。於是國王下詔：誰能勝過猴子就重賞。

　　可是，猴子的棋藝太高，舉國上下，根本沒有人是它的對手。那該怎麼辦呢？

　　這時有個外地來的智者，自告奮勇地說他可以打敗猴子。國王問他：「你有把握嗎？」他回答說絕對沒問題。但是在比賽的桌上一定要放一盤桃子。

　　比賽開始了，猴子與智者面對面坐著，在桌子的旁邊放了一盤看上去很好吃的桃子。整盤棋賽中，猴子的眼睛都盯著這盤桃子，結果猴子輸了。

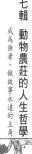

183

智慧之泉

　智者的勝利告訴我們必須充分研究對手，要牢牢掌握對手的弱點。而猴子的失敗告訴我們惟有一心一意才能成功，切勿三心二意。

沒有永遠的勝利者

蜜蜂飛到獅子身邊對它說：「雖然你是森林之王，但我一點也不怕你，因為你並不比我強。不信的話，咱們不妨比試比試。」

蜜蜂飛到獅子臉上，用針扎它臉上沒有長毛的地方。獅子不停地用爪子抓自己的臉，可抓不到蜜蜂，最後獅子投降了。

蜜蜂戰勝獅子以後，非常高興，在森林裏唱著凱歌飛來飛去，一不小心，撞上了蜘蛛網，被網住了，臨死之前，蜜蜂非常感慨地說：「沒想到我贏了森林之王，卻敵不過弱小的蜘蛛啊！」

智慧之泉

謙受益，滿招損。不要因為一時的勝利而驕傲自滿，得意忘形，否則接踵而至的就是失敗，就像故事中的蜜蜂一樣，悔之晚矣！

05 酒肉朋友

一個人在森林裏看到一隻剛出生的老虎，便把它抱回家餵養。他對老虎無微不至，給它吃精緻的食物，為它梳毛，洗澡。

老虎對他也親密無間，舔他的手腳，陪他散步，和他玩耍。老虎在他的精心照料下慢慢長大，成為一隻威猛的老虎，但溫順得如一條家狗。

一天，拾老虎者突發奇想：騎著老虎去旅遊。一路上，老虎很是聽話，平穩地駄著他。所到之處，人們對他夾道喝彩，他更神氣了。

於是，有人問他：「老虎不會吃你嗎？」

他說：「那怎麼可能呢！」

那人又問老虎：「你怎麼不吃他？」

老虎說：「那是不可能的！」

過了幾天，他們穿過一片沙漠時，遇到了風暴，水和食物都被捲走了。他在痛心之餘，不忘安慰老虎：「朋友，忍著點，等過了沙漠，我讓你飽吃一頓。」並且跳下來步行。

一天過去了，老虎餓得圍著他打轉；兩天過去了，老虎餓得舔他的手腳；三天過去了，老虎對他輕輕地撕咬；四天過去了，老虎向他齜牙咧嘴；第五天，饑餓的老虎瞪起血紅的眼睛。

他正要上前撫摸它時，老虎奮力一縱，將他撲倒，瞬間把他撕成了碎片。他到死都沒明白過來，老虎為什麼會吃他呢？

06 千萬別耍小聰明

動物園裏，爸爸從提包裏摸出一顆花生，朝籠子裏的大猴背後扔去，只見大猴一個急轉身，用嘴接住，再用爪子從嘴裏取出來，剝開吃掉，顯得很滑稽。小孩笑起來，大人覺得有趣，便不斷地扔花生，大猴便不斷地這樣接，直到一大包花生全部扔完了。

回家的路上小孩問大人：「爸爸，你為什麼要將花生扔到大猴的背後呢？」

大人得意地笑了，說：「猴子翻來覆去地來回折騰才有意思啊！」

小孩信服地說：「爸爸，你好聰明！」

大人又說：「這些猴子自以為很聰明，其實被咱們耍了，它還不知道呢，真可悲！」

豈不知大猴子也對它的孩子說著同樣的話——

「我們就是用這種方法獲得食物並拿人尋開心的。」接著猴媽媽說：「人這種動物自以為聰明，其實被咱們猴子給耍了，他們還不知道呢，真可悲！」

智慧之泉

自以為很聰明的人，其實只會耍一些小聰明。自以為捉弄了別人，沒想到的是，其實是自己經常被別人捉弄，因此千萬別耍小聰明。

逞能者的下場

《莊子・雜篇》中有一則寓言：

吳王乘船渡過長江，登上一座猴山。

猴子們看見國王率領大隊人馬上山來了，都驚叫著逃進叢林，躲藏在樹叢茂密的地方。

有一隻猴子卻從容自得，抓耳摸腦，在吳王面前竄上跳下，賣弄技巧。

吳王很討厭這隻猴子的輕浮，便張弓搭箭，向它射去。這隻猴子存心要顯露本事，因此，當吳王的箭射來時它就敏捷地躍起身，一把抓住飛箭。吳王轉過身去，示意隨從們一齊放箭，箭如雨下，不可躲閃，那猴子終於被亂箭射死。

智慧之泉

騙傲，愛逞能都只會招徠殺身之禍。真正聰明、有智慧的人，能恰到好處地表現才華，平時多表現謙虛、謹慎。

08 獅子與三頭牛

　　三頭牛本與一頭獅子友好相處，在獅子吃掉了所有的小羚羊之後，它決定與牛開會討論將來的食物問題。獅子對白牛和紅牛說：「我餓了，讓我吃掉黑牛吧！你們不會有事的。」後來獅子又餓了，它對白牛說：「你這白牛，你沒有麻煩，讓我吃掉紅牛吧！」白牛說：「去吧！」於是獅子又將紅牛吃了。

　　當腹中再次空空時，獅子準備對白牛下手。白牛說：「你曾保證不這麼做。」獅子笑著說：「我以為你應該知道自己是下一個啊！」

智慧之泉

強者和弱者共存的法則，永遠都不是由弱勢一方說了算。因此，弱者絕不能把自己生存的希望寄託在妥協與讓步上，盡力思考讓自己強大起來的辦法才是惟一的出路。只有當自身的實力足以與強者抗爭時，你才會最終避開「避無可避」的那一天。

09 老鼠與大米

　　有一天，一隻外出覓食的老鼠很幸運地找到了一大桶大米，這可把它高興死了，它每天都守著這桶大米吃呀吃的。

　　日子一天天過去，桶裏的大米越來越少，開始時，老鼠還來去自如，但直到某一天，老鼠卻突然發現自己越來越胖，有時想爬出桶去透透氣都很困難。它曾發誓永不回來，但又實在捨不得這些大米。直到有一天，任憑它怎樣使勁用力，都徒勞無功。這時，它面對的只有兩種可能：一是等自己吃完桶裏的大米後被活活餓死；一是等主人發現後被活活打死。

智慧之泉

當我們幸運地掉進了「大米桶」的時候，是否也會像那隻貪吃的老鼠一樣，坐享其成坐吃山空，以至於跌入萬劫不復的深淵呢？

10 不要把別人的話太當真

　　從前有一隻狐狸爸爸，為饑餓所逼，想為自己的老伴和孩子找點吃的東西，它離開森林來到一所孤零零的農家院子，悄悄地圍著屋子轉來轉去，希望找到可吃的東西。過了一會兒，它聽到一個小孩的哭聲，接著就聽到小孩的媽媽說：

　　「你還不安靜！再哭，我就叫讓狐狸把你捉走。」

　　可是，小孩仍然繼續哭鬧著。而這隻笨狐狸對農婦的話，卻是深信不疑。它整夜等著帶這個小孩走，直至快天亮時屋內寂靜無聲了，狐狸便又累又餓地回家去了。

　　狐狸媽媽見丈夫兩手空空，狼狽不堪地回來，問道：「你怎麼夾著尾巴？」公狐狸答道：「一個奸詐的女人騙了我整整一夜，待到天亮時，我費了好大勁才逃脫了獵狗和農夫們的追捕。因此，千萬別相信人類的話。」

智慧之泉

不要把別人的話太當真。有些話別人只是隨便說說而已，根本就不會也不可能兌現。如果你太相信的話，失望的只會是自己。

11 別讓可疑的人看家

一隻大灰狼來到牧場對牧羊人說：「你把牧場經營得這麼好，真有本事啊，我真是太崇拜你了，並且願意為你效犬馬之勞，請讓我來保護你的羊群吧！」

牧羊人十分猶豫，因為大灰狼最愛吃羊，他害怕羊被大灰狼吃了。但大灰狼表現得十分誠懇，它流著淚對牧羊人說：「你總不能因為我以前的錯誤而否定我的一生吧。我會像你的獵狗一樣誠實，而且我擁有抵禦外來侵擾的力量，就算那些老虎和獅子來了，我也會和它們死拼到底的⋯⋯」

牧羊人被大灰狼的話打動了，就安排它去守護羊群，首先只讓它看護二十隻羊。十幾天過去了，羊一隻也沒有少。於是，牧羊人就放心了，他把所有的羊都交給大灰狼看管。

一天牧羊人要出門，回來後他發現羊群和大灰狼都不見了，原來大灰狼趁著主人不在家時，把羊群帶走了。這時，備受冷落的獵狗對懊悔不已的牧羊人說：「你把家交給不可靠的人看管，對忠實的人你卻不加以重用，上當是不可避免的。」

智慧之泉

量才為用，除了聽他怎麼說以外，還要考察他的本性才不至於上當受騙。

一條草魚的命運

池塘裏的草魚，和住在岸邊蘆葦叢中的大雁是好朋友。後來發生旱災，池水漸漸少了，草魚十分著急，它的朋友大雁，很同情它的遭遇，幫它另外找了一個水塘。

但是怎樣才能把草魚帶去那個地方呢？最後，大雁想出了一個辦法，找來一根結實的藤，讓草魚用口銜住藤的一端，大雁銜住藤的另一端，並交代草魚千萬不要開口說話。

草魚為了生存，聽從了指揮，但當它們飛過一個村莊的上空時，被一群孩子發現，他們對著天空大喊道：「大家快來看呀，草魚被大雁叼走了！」

嘴巴緊咬著藤的草魚聽到孩子的叫聲覺得自己受到了侮辱，忍不住憤怒地回答：「關你什麼事？」

可是，草魚嘴巴一說話，立即從高空中跌下來，摔死了。

智慧之泉

大丈夫能屈能伸，不要逞一時之強，否則就會像草魚一樣，狠狠的摔倒在地，輕者缺胳膊斷腿，重者可能會有生命之憂。所以，該忍的時候一定要忍，忍過這一步再說，否則最後吃虧的只會是自己。

第七輯 動物農莊的人生哲學

成為強者，做故事永遠的主角

193

13 忍耐的極限

有人買了一隻烏龜，放在案頭，讓它馱著厚重的硯臺。朋友們見了無不稱奇。這人只是淡淡一笑道：「這有什麼好奇怪的？烏龜生性老實，又有極大的承受力，小小硯臺何足道也！我讓你們長長見識。」

說罷，他將烏龜當磚頭一樣墊到桌腿下。烏龜紋絲不動，只是瞪著綠豆似的眼睛望著眾人。

朋友們讚歎不已，這人更來了勁。

他把烏龜放在一塊大石板上，舉起鐵錘就要往下砸。這時，烏龜突然伸出頭來，在他腿上狠狠地咬一口，並且憤怒地說：「我是老實，憨厚，有極大的承受力，但我是不會坐以待斃的！」

智慧之泉

一味的忍耐，只會助紂為虐。在別人肆意踐踏我們的尊嚴時，不管對手多麼的強大，只有放手一搏才能捍衛自己的尊嚴。

14 捨本逐末

主人家養了一隻大花貓，叫它好好看管糧食。

第一天，大花貓捉來一隻小老鼠。主人只給它魚骨頭吃，並對它說：「大老鼠糟蹋的糧食多，捉十隻小老鼠也比不上捉半隻大老鼠的功勞大。因此你只能吃這個！」

第二天，又來了一隻小老鼠。大花貓想，捉了它也不管用，便在糧囤上把它養了起來，等老鼠吃得又肥又大的時候，大花貓帶老鼠去見主人並說：「這傢伙吃掉了半囤子糧食啦！」

主人見老鼠比花貓還要大，糟蹋糧食又如此多，非常高興，立即賞了貓兩尾大鯉魚，並鼓勵它說：「你的貢獻太大啦，希望你捉更多這樣的大老鼠來！」

「只看表面成績，不講實際效果的笨蛋。」大花貓暗暗笑道：「你能有多少糧食養老鼠？」

智慧之泉

不要只看到事物的表面現象，不去追求它的實質。殊不知大老鼠是由小老鼠長大的，捉大老鼠實在是捨本逐末的作法，其結果只能使自己的損失更大。

15 冷靜對待榮譽

一隻貓大吃了一頓之後，臉也顧不上洗，就呼呼睡著了，鼻子上還沾著奶油。一隻饑腸轆轆的老鼠，聞著奶油的香味，來到貓面前張嘴就咬，「哎喲！」隨著一聲慘叫，被疼痛驚醒的貓，也沒弄清到底怎麼回事，撒腿就跑。消息傳來，這隻莽撞老鼠在鼠國家喻戶曉，被同伴們視為無畏的勇士，鼠類的驕傲。

「您為我們出了一口氣，以前只有我們見貓就逃的事，今天您竟然讓貓逃走了。這在鼠類歷史上還是第一次，您將永載史冊。」從此，它走到哪裡，都被鮮花和掌聲圍繞，而它也覺得自己成了英雄。

沒多久，這隻鼠勇士又碰上了那隻倒楣的貓，它很高興，心想這次又能大顯身手，再給貓一個重創，以贏得更高的榮譽與尊敬。可是它實際上它根本不是貓的對手，不僅沒占著便宜，反而弄得遍體鱗傷。

消息又轟動了整個鼠國。迎接它的是鋪天蓋地的咒罵和唾沫：「懦夫！小丑！真是丟臉！」昔日的英雄再沒有人理睬，就連走路也得低著腦袋夾著尾巴。

196

智慧之泉

不要被暫時的勝利沖昏了頭腦。有些勝利只是誤打誤撞的，越是勝利時越要謙虛謹慎，以避免失敗接踵而至。同時不要太在意別人的評論，走自己的路，讓別人去說好了，否則就會活得很累。

16 害人者的下場

　　一隻綿羊和自己的鄰居山羊不和，它很想教訓教訓對方。

　　一天，綿羊在路上看到一隻正在覓食的狼，綿羊走上前對狼說：「親愛的狼先生，如果你答應不吃我的話，我可以告訴你在哪裡可以找到食物。」

　　狼答應絕不傷害它，於是，綿羊把狼帶到它鄰居山羊的門口。狼推開門，看見山羊正在睡午覺，上前一口就將山羊咬死了，狼美美地飽餐了一頓後，告別綿羊走了。

　　但第二天中午，狼趁綿羊睡覺的時候，也把它給吃了。綿羊臨死之時大聲地說：「你怎麼騙人啊！」

智慧之泉

俗話說得好：害人終害己。因此，不要一心想著如何去傷害別人，否則到頭來受傷害的卻是自己。善待別人也就是善待自己。

17 可悲的誤會

　　有一個年輕人的太太難產而死，給他留下了一個孩子。他忙於生活，又怕小孩沒人照顧，便訓練了一隻狗幫他照看孩子，那狗又聰明又聽話，把孩子照顧得很好。

　　一次，主人要出門，叫狗照顧孩子。因遇大雪，當日不能回來。第二天主人回來一看家裏到處是血，狗也渾身是血，孩子卻不見了。主人見此情形，認為是狗獸性大作，把孩子吃掉了，狂怒之下，拿起刀來就朝狗頭劈去。

　　狗倒在了血泊之中，他卻突然聽到了孩子的聲音，抱起孩子一看，雖然身上有血，但並未受傷。他覺得很奇怪，再仔細察看倒下的狗，發現它腿上的肉沒有了，床底下還有一隻嘴裏咬著狗肉的死狼。原來，是狗救了小主人，而自己卻誤殺了它。這真是一場可悲的誤會。

智慧之泉

有時親眼所見的也不一定就是事實真相。只有把事情調查清楚了才有發言權，否則也會造成故事中那種可悲的誤會。

18 下金蛋的雞

一對農民夫婦，每年依靠地裏的收成勉強維持生計。讓他們欣慰的是，他們家還有一隻每天下一個雞蛋的母雞，可補貼一點家用。

突然有一天，這隻母雞下了一個金蛋。金蛋賣的錢多得把夫婦倆嚇了一跳。

靠著一天一個金蛋，夫婦倆逐漸富裕起來，他們添置了肥沃的田地，蓋起了寬敞漂亮的大房子，還請了許多僕人，日子也開始過得奢靡起來。

貧窮的日子並沒有讓他們學會珍惜現在的幸福，而奢靡的生活卻讓他們滋長了無盡的貪慾。一次舞會結束後，妻子說：「既然母雞每天可以下一個金蛋，那它的肚子裏一定有很多很多的金蛋，說不定就是一個金庫……」

於是他們就將那隻下金蛋的雞殺了。可他們根本沒有找到金蛋，更不用說金庫了！一直注視著他們的幸運女神目睹了剛才的慘劇，憤怒之下沒收了他們的所有財產。

199

智慧之泉

要珍惜那些來之不易的機會，因為它稍縱即逝。太貪心只會讓你連現在擁有的也失去，到那時再後悔也就晚了。

19 給大腦投資

炎熱的早晨，一隻喜鵲在離大河不遠的一棵樹上乘涼，它親熱地同正在樹下休息的水牛打招呼。

水牛問它：「你到這邊來幹什麼？」喜鵲回答說：「我來喝水！」水牛樂了：「你喝水也要到大河來嗎，不是隨便幾滴水就夠了嗎？」喜鵲笑著說：「你這樣想啊？我比你喝的還多呢！」水牛哈哈大笑：「怎麼會呢！」

喜鵲說：「要不咱們試試看，你先來。」它知道剛下過雨，河馬上就要漲潮了。

水牛伏在河邊，大口大口地喝起來，可不管它喝多少，河裏的水不但不少，反而更多了。水牛很無奈，喜鵲飛走了。

過了許多日子喜鵲看到天氣炎熱，河裏的水時見愈下，喜鵲又飛來找水牛比試。水退潮了，喜鵲追著去喝。水牛看了傷心地說：「你個頭不大，水卻喝得比我還多。」

「這下你心服了吧？」喜鵲笑著問水牛，然後振翅飛走了。

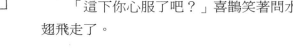

智慧之泉

在高科技時代，我們要時刻記得給自己的大腦充電。多動腦子，要不然你就只能永遠成為別人的員工。只有先人一步，才能讓人信服。

20 無辜的弱者

　　一隻剛出生不久的小老虎獨自跑到草原上去玩，碰上正在那兒吃草的長頸鹿。結果被長頸鹿不小心踩死了。不久，小老虎的屍體被發現了。發現者跑到大老虎那兒去告狀。

　　「你的兒子死啦！我們是在溪谷裏發現它的。」虎爸爸聽了很傷心：

　　「請你們告訴我究竟是誰殺了我的兒子？我要替它報仇！」

　　「是長頸鹿不小心踩死的。」發現者回答。「怎麼會是長頸鹿？」虎爸爸詫異地問。接著它想了想說：「不，不是長頸鹿，是山羊殺的。我兒子是它們殺死的！」

　　於是憤怒的虎爸爸找到了一群在山上吃草的山羊，並把它們全都殺了。

智慧之泉

現代也有這種人，在他被強者欺侮了之後，就拿不幸的弱者來出氣，因為他怕再與強者相爭會付出很大代價，而在弱者身上出氣他們不會有損失。因此弱者要想不被欺負，就要努力讓自己成為強者。

21 智慧演講家的一堂人生課

在一次研討會上，一位著名的演說家沒講一句開場白，只高舉著一張20美元的鈔票，面對會議室裏的200多人，他問：「誰要這20美元？」一隻隻的手舉了起來。

演說家接著說：「我打算把這20美元送給你們中的一位，但在這之前，請准許我做一件事。」他說著將鈔票揉成一團，然後問：「有誰還要？」這時，仍有人陸續舉起手來。

演說家又說：「那麼，假如我這樣做又會怎麼樣呢？」他把鈔票扔到地上，又踏上一隻腳，並且用腳碾它。隨後，他拾起鈔票，鈔票已變得又髒又皺。

「現在誰還要？」演說家接著問。還是有人舉起手來。

智慧的演講家給聽眾上了一堂有意義的人生課。無論別人如何對待那張鈔票，還是有人想要它，因為它並沒貶值，它依舊值20美元。

智慧之泉

生命的價值就像這張鈔票一樣，無論別人對我們做過些什麼，我們都永遠不會喪失了自己的價值，因為生命的價值只取決於我們自己，不會因為別人而貶值。

22 負重才不會被打翻

一艘貨輪卸貨後返航，在浩淼的大海上，突然遭遇巨大風暴，老船長果斷下令：「打開所有貨艙，立刻往裏面灌水。」

水手們擔憂：「往船裏灌水是險上加險，這不是自找死路嗎？」

船長鎮定地說：「大家見過根深幹粗的樹被暴風刮倒過嗎？被刮倒的都是沒有根基的小樹。」

水手們半信半疑地照著做了。雖然暴風巨浪依舊那麼猛烈，但隨著貨艙裏的水位越來越高，貨輪漸漸地平穩了。

船長告訴那些鬆了一口氣的水手：「一隻空木桶，是很容易被風打翻的，如果裝滿水負重了，風是吹不倒的。船在負重的時候，是最安全的，空船時，才是最危險的時候。」

智慧之泉

人何嘗不是如此呢？那些胸懷大志的人，沈重的責任感時刻壓在心頭，砥礪著人生的堅穩腳步，從歲月和歷史的風雨中堅定地走了出來。而那些得過且過的空耗時光的人，像一個沒有裝水的空水桶，往往一場人生的風雨便會把他們徹底地打翻了。

　　道格拉斯大學畢業後為了找工作來到了加州一家報社的經理室。他笑咪咪地問：「經理先生，請問你們這兒需要編輯嗎？我雖剛剛大學畢業，可我幹過3年大學報編輯呢！」邊說邊掏出證明，並從隨身帶的公文包中捧出一大摞他編的校報。

　　報社經理上下打量著道格拉斯，慢吞吞答話：「不需要。」道格拉斯急了：「那麼記者呢？我大學三年級以後，常在大學所在地華盛頓的報紙上發表文章啊！」他又遞上一大疊剪報。

　　報社經理笑著推開：「人滿了，不需要！」

　　道格拉斯慌了神：「那麼，那麼排字工人呢？我可以一切從頭學起啊！」

　　報社經理斜睨了他一眼：「不，我們現在什麼空缺也沒有！天天有人找我，真麻煩。」

　　這時，道格拉斯反倒呵呵笑了：「那麼，親愛的經理先生，你們一定需要這個東西。」這位大學生從鼓鼓囊囊的公事包內拿出一塊精緻的木牌。並把這塊木牌立在了經理的辦公桌上，上面赫然寫著六個紅色大字——額滿暫不僱用。

　　經理眼前一亮，「這青年人想問題好周密啊！留下他幹宣傳工作，準沒錯！」想到這兒，他興奮地撚滅了菸蒂：「年輕人，你真聰明。你被錄用了，先在

公司幹宣傳工作吧！」

　　道格拉斯一聳肩，詼諧地一笑：「經理先生，明天，我寫一幅大大的廣告，掛到報社門口。這樣，就再也不會有人來打擾你了！」

智慧之泉

道格拉斯能夠在人滿為患的報社中找到一份工作，是同他靈活多變的辦事技巧分不開的。報社本不需要人，但道格拉斯機靈地順著情況的發展，讓經理在因勢利導中逐步發現了他是一個有用之人，於是錄用了他。在現實生活中，對於許多事情，並不需要我們去設法阻止它的發展，只要我們順著它前進，最終就會走出一條路。

24 善待失敗

　　一千多年前，在義大利一個叫佛羅倫斯的地方開採出一塊質地純潔罕見的大理石，這塊大理石很適合雕刻人像。

　　寶石開採出來以後擱了很久，沒有人敢動手。後來有一位膽大的雕刻家來試了一下，但他也只鑿了一下，因為害怕弄壞了這塊寶貴的材料而停手了。

　　後來，大雕刻家米開朗基羅來了，他用這塊純美的大理石雕出了世界上獨一無二的傑作──大衛像。遺憾的是先前那位雕刻家的一鑿打重了，傷及了人像肌體，竟在大衛的背上留下了一點傷痕。

　　有人問米開朗基羅：「那位雕刻家是否太冒失？」

　　「不，」米開朗琪羅說：「那位先生十分慎重，如果他冒失輕率的話，這塊材料早已不存在了，今天你們也就見不到我雕出的大衛像了。我心存感激，因為這點傷痕無時無刻不在提醒我，每一刀一鑿都不能有絲毫的疏忽。」

智慧之泉

我們對失敗的人總是嗤之以鼻，不屑一顧，往往容易忘記失敗是成功之母的教訓。人生浮沈，事業跌落，本是常情。我們沒有理由對別人的失敗去評頭論足，唯有從別人和自己失敗的過程中汲取經驗、總結教訓，才能使自己少走彎路。要知道，許多人的成功都是建立在別人失敗的經驗之上的，因此，我們只有善意而認真地對待失敗，才是正途。

國家圖書館出版品預行編目資料

腳踏實地，每一條路都是捷徑／林芸 著 -- 初版
-- 新北市：新潮社，2019.12
　　冊；　公分
　　　ISBN 978-986-316-751-8（平裝）
1.自我實現 2.生活指導

177.2　　　　　　　　　　　　108017566

腳踏實地，每一條路都是捷徑

作　　者　林芸
企　　劃　天蠍座文創製作
出　　版　新潮社文化事業有限公司
　　　　　電話 02-8666-5711
　　　　　傳真 02-8666-5833
　　　　　E-mail：service@xcsbook.com.tw

印前作業　東豪印刷事業有限公司
印刷作業　福霖印刷有限公司

總 經 銷　創智文化有限公司
　　　　　新北市土城區忠承路 89 號 6F（永寧科技園區）
　　　　　電話 02-2268-3489
　　　　　傳真 02-2269-6560

初　　版　2019 年 12 月